sapientia
サピエンティア 31

人民主権について

On Popular Sovereignty

鵜飼健史［著］

法政大学出版局

目次

人民主権について

序　章　「政治の両義性」という考え方

一　「哀れな政治」

哀れな政治——。政治はその不在が望ましい。

政治への期待と優先順位が低ければ低いほど、私たちは幸せだといえるかもしれない。政治の必要性が強調される場合には、不満の対象として政治はすでに認識されている。そして、正しい政治への希求が消え去らない状況においては、危機が声高に叫ばれつづけてきた。政治が私たちの生命と生活の保全を遂行するためには、私たちの支持と要求が必要であり、それらを喚起するためには生命と生活が脅かされていることがくりかえし強調されなければならないのである。つまり、政治において危機が万年化している。

政治が自らの存在理由を説明するためには、自らの至らなさを危機として暴露しつづけなければならない。おそらく、政治の役割がこうした自己否定の契機を含んでいることは、過去においてもそうであったし、未来でもそうありつづけるだろう。しかし、時代の共通認識となった正しい政治の必要性に対する高まりは、こうした政治の不完全さをそのようなものとして受け入れるほど寛大ではなくなりつつある。なぜなら、現代社会に固着化した政治不信についてのテーゼは、政治そのもののイメージが悪化するのをとめどなく助長しているからである。そのため、もはや政治に対する不満を、どこまでが本音でどこまでが建前かを区別することができず、増幅した政治への嫌悪感のみが私たちのもとに残されている。

もちろん、政治に対する関心が高まる瞬間においても、主要な関心事はいかに要求を実現してもらうかにある。政治についての意識が、それぞれの個別の要求とのつながりにおいて形成されていることを否定するのは困難である。私は、こうした政治における基礎的な文法それ自体が批判するにはあたいしないと考えているし、それを何らかの全体性によって乗り越えるという立場のほうにより危険な空気を感じる。公的なもの、あるいはその私的なものとの区別には、絶対的な基準があるわけではなく、ときどきの政治的環境が決めるという性格をもっている。

政治の枠組み自体を政治が決めているという現状認識こそ、政治を考えるうえでの出発点になるだろう。[1] 既存の政治の枠組みがもつ「政治性」が徐々に明らかになった先に姿を現わしたのは、現実政治というつぎはぎだらけの怪物である。後期近代と呼ばれる時代のなかで、善と悪が同居した集合的行為のうち、もっとも顕著なもののひとつとして政治が数えられることは否定することができない。聖と俗が入りまじり、表と裏が交錯し、相互に矛盾するような断片化された陳述や行為を縫合することでしか成立しない政治は、むしろ当然のものとして受け入れられるようになった。片方で正義と倫理をうたいながら、もう片方ではこれらを政治は押しつぶしてきた。あるいは、現実によって理想をやすやすと克服しておきながら、ときとして脈絡なく理想を掲げて新しい現実を積み上げてきた。

いまや政治は、希望と失望を瞬時に入れ替えることを特徴としており、私たちを裏切ることをあたかも成立条件に組み込んでしまったようである——絶対的な基準をもたらすような階層秩序の不在は、そのために主権の創造を必要とした公的世界の特徴であり、「私たち主権者」はその存在において、こうした公的世界のあり方から自由になることができない。この主権に対する根源的な渇望は、人民主権を考える本書の底流にも流れ込んでいる。

政治の必要性を説明するために、政治の至らなさを持ち出さざるをえないような倒錯した思考は、政治の現状をより悪しく形容している。そして、このような救われない政治に対してニヒリズムで処すことが、複雑さを極めた私たちの時代の作法となりつつある。裏切られつづけることで弄ばれるか、それともこの作法を超然として維持するか。このような二元論から逸脱しながら、本書は硬直化してしまった政治のイメージを弛緩させることを目的としている。本書が、政治の延命や再構築などの大仰なテーマではなく、ニヒリズムの時代における政治の存在論を考察することで、哀れな政治のはかない救いとなることを私は期待している。

——哀れな政治。その不在が切望され、人びとの不満を一身に集める。政治が私たちを幸福にすることなど、ほんとうに可能なのだろうか。

二　政治的なるものの介在

では、不満に思われている政治とは具体的に何を意味しているのであろうか。以下では、政治を考えるための軸として「政治の両義性」に着目し、その考察に紙幅の多くが費やされる。

現実政治による規定から逃れ、むしろその外側からそれに意味を与えるような政治の言説的な表現を、「政治的なるもの」と呼びたい。政治的なるものは、個別の利害が表明されたり交渉されたりすることで具体化されるような場や機関ではなく、政治主体の要求やアイデンティティが構成され意味づけられるような、政治の存在論的な次元である。政治的なるものは、現実政治において実現されるべきものである。他方で、「現実政治」と呼称されるものは、現実に政治（の部分）として承認され、政治と呼び習わされている制度やルールの集合的な形式の次元である。現実政治は、実際に実現されているものである（e. g. Marchart 2007: 5–8）[2]。

現実政治からすれば、政治的なるものは自らの存在に完全に溶かし込むことができない、取り憑いた亡霊のようなものである——ジャック・デリダが『友愛のポリティクス』で用いた「政治的なるものの亡霊性」とは異なる意味で。[3]政治的なるものは、既存の政治構造から漏れ出る、現実政治の意味の余剰として存在する。政治的なるものが現実政治に対する解釈の次元であるかぎり、現実政治は政治的なるものからの批判と抵抗につねに苛まれている。

他方で、政治的なるものからすれば、現実政治は自らが不完全に物象化したものにほかならない。現実政治は政治的なるものを完全に反映したものではないし、そうしなければならない義務があるわけでもない。現代政治と政治的なるものは対象とする次元が異なるために、政治的なるものは現実政治からつねに裏切られてきた。ある政治的な要求が現実的なものとして構築される際には、それに固着した政治的なるものは、程度に応じた抑圧を受け入れる以外に選択肢をもちあわせていない。「政治の両義性」という語が示すのは、現実政治と政治的なるものとに分岐した存在と現象の、切断こそされてはいないものの、意味の不平等なつながりである。

現実政治と政治的なるものを区別することは、現代政治理論の特徴になりつつある。周知のとおり、シャンタル・ムフは、政治的なるものを友と敵の峻別に見いだしたカール・シュミットの古典的な議論を再生することで、これまでそれと縁遠かった英米圏の政治理論研究に新風を吹き込んでいる。彼女によれば、政治的なるものは存在論的であり、社会が制度化される仕方に関係するのに対し、政治は存在的であり、制度化された政治過程を意味する。とりわけ興味深いのが、この区別の指標として対立関係の質的な相違を導入することである。このとき、政治的なるものは敵対関係の次元であり、それによってもたらされた対立に対して共存を図るような秩序をつくる実践や制度の集合が、政治である（Mouffe 2005a: 8–9）。そのため、敵対関係を好敵手同士が取り結ぶアゴニズムに変容させることが、なによりのデモクラシーの課題となる（ibid.: 20）。ムフの議論が、政治的なるものを無視することで政治を技術的な手続きに帰する傾向に反対するものであることは明らかであろう。政治と区別された政治的なるものの意義を論じることは、同時に、政治における制度的決定がひとつの暴力的な帰結であるということを認めることになる。

シェルドン・ウォーリンもまた、政治性として正当な議論を含意したうえで、政治と政治的なるものとの区別に言及している（Wolin 1996: 31）。政治的なるものとは、「多様性によって構築された自由な社会が、それにもかかわらず、公的な熟議を通じて、集合的権力が成員の福利を促進し保護するために用いられ、共通性の契機を享受するという観念の表現」である。それは刹那的であり稀である。これに対して、政治は、「成員が公的権威にアクセスするための資源をめぐる、主に組織化された不均等な社会権力による、正統化された公的な議論」である。政治は持続的で、切れ目がなく、終わりがない。この場合、政治的なるものがビジョンを含んだ「表現」であるのに対し、政治は制度的な「議論」そのものである。

オリヴァー・マーチャートによれば、政治的なるものについての理解には、このようにふたつの潮流が存在している。ひとつは、ムフのように、権力、紛争、あるいは敵対性の空間に「反結社的」な政治的なるものを見いだすようなシュミット的な理解である。もうひとつは、ウォーリンを代表とするような、「結社的」な政治的なるものを自由と公的な熟議の空間にもとめるアレント的な理解である（Marchart 2007: 35–43）。ここでは政治的なるものの性質について、もう少し執着したい。本書の関心は、それが敵対性かそれとも熟議のイメージによって意味づけられているのかということではなく、「政治の両義性」における政治的なるもの自体の意味あるいは機能にある――議論を大幅に先取りすれば、こうした政治的なるものにおけるふたつの対立的な潮流が、対立的だとみなされていなかった時点に向けて、議論を重ねてゆきたい。

政治的なるものは、現実政治に食い込んだ政治に関する知であるとともに権力であり、現実政治に意味を与えている。それは実践と不可分に結びついた言説的な表現である。たしかに、空虚だからこそ政治的なるものは現実の政治過程でほとんど顧慮されないものの、同時に、あらゆるイマジナリーを吸収するような可能性に開かれている。「政治の両義性」における意味の不平等さには、政治的なるものの実現不可能性だけではなく、現実政治に対する解釈と批判が無限に生起する点が含まれている。つまり、現実政治にとって政治的なるものはできそこないの土台であり、この足場の悪さが政治の決定的な前提条件となっているのである（Marchart 2007: 8）。

「政治の両義性」は政治に関する概念の成立とあきらかに関係している。たとえば、法秩序や国際関係上の国家の独立した代表権は主権と呼び習わされているが、主権という概念の範疇は、現在想定されるような制度化された指示対象のみに限定されるわけではない。それは歴史的に別の構成要素を含んでいたし、新しい要素を加えながら今後も内容を変化させつづけるだろう。概念には固有の意味があるわけではない。概念は、他の概念に由来する複数の構成要素の集積によって成立している。このような要素は、論理的な意味においてその概念に不可欠であるのではなく、「経験的に確証できる文化的な共通性が、それをある最小限の成分としている」（Freeden 1996: 62-3）のである。マイケル・フリーデンの別の表現にしたがえば、政治的な概念は、それに意味を与えるような、無数の「観念–環境」のなかに置かれている（ibid.: 67）。

そのため、先に政治的なるものにおける「あらゆるイマジナリーを吸収するような可能性」を述べたものの、この可能性は、ある概念の外周が無限に拡張されるという意味ではなく、いかなる要素が概念と結びつくかが不透明であるという意味である。イェンス・バーテルソンは、概念のあいまいさをもたらしている意味論的な不一致の背後に、概念の外周を構成し、「意味の不一致」を認識可能にする「一致」の存在を指摘する（バーテルソン 二〇〇六：一七）。そのような一致の存在は、ある政治的な概念における政治的なるものが維持されていること――現実政治に政治的なるものが取り憑いていること――を示している。

政治に関する概念は構成的である。そのため、政治的なるものは現実政治を基礎づける最終的な定義を収集し保管したアーカイブではなく、対象との関係性において変容を受け入れる相対的で脆弱な陳述の集合である。ただし、政治的な概念をめぐる接続と解釈の妥当性（「一致」の発見）は、政治的なるものを共有する私たちの判断に委ねられている。先述した例を用いれば、主権のような政治的な概念が生きつづけることは、政治的なるものにおける主権観と現実政治における主権観とのあいだで整合性と相関性が認識されているからである。バーテルソンによれば、概念が対象とのあいだに関係を結ぶのは、その概念が構築されるのと同時である（バーテルソン 二〇〇六：三六）。たとえ、デモクラシー（民主主義）という言葉が古代ギリシアで使用された当初の意味を失っていても、現代に生きる私たちはどのようなものが民主的かあるいは非民主的かという選択を日々行なっている。さらにいえば、デモクラシーが「民衆による支配」を語源とするという教科書的な知識が世間の共通認識として受け入れられたとしても、何が「民衆」なのか、何が「支配」なのかについては、客観的で合理的な了解が共有されているわけではない。

別の言い方をすれば、現実政治は政治的なるものを完全には実現できない。ヤニス・スタヴラカキスによれば、政治的なるものの介在は、客観的な同一性にもとづく現実性の成立を妨害している（スタヴラカキス 二〇〇三：一八）。政治的なるものという契機は、政治における現実性の象徴化の根底に潜んでおり、ラカン的な表現を用いれば、私たちの政治の現実界として理解されるべきである。ただし、政治的なるものの契機が導く偶然性や決定不可能性は、積極的な意味での現実政治の限界である。なぜなら、このとき、現実政治は人民を最高の権威として承認した人民主権原理に依拠しており、その選好と判断から逃れることができないからである。現実政治と政治的なるものとの不完全な一致を許容するか否かは、「私たち主権者」に委ねられている。

政治的なるものを実現しようとする過程が、現実政治を「政治」として象徴的に構成している。現実政治は政治的なるものによる意味づけと価値づけを必要としている。そしてその背景では、政治主体そのもののあり方をいやおうなく巻き込みながら、政治の現実性をめぐるヘゲモニー闘争がくりかえされてきた。現実政治と政治的なるものとの不完全な一致がなければ、政治はたんなる強制力の行使として居直ることが許されてしまう。しかし、見せかけの馴化作用と形容するのが適切に思われるような政治的なるものの契機を、もはや現実政治は必要としなくなってきたのではないか。政治に「コンセプト」は不要ではないか。あるいは、政治的なるものによって苛まれる哀れな政治を楽にしてやるべきなのではないか。

このような心優しき同情は、現実政治を政治ではない何かに変化させることを意味している。もうそうなってしまったら、たとえば「平和」と「戦争」、「自由」と「隷従」、「自律」と「規律」、「悲劇」と「笑劇」、あるいは「政治」と「人間の管理」との区別が取り払われた、政治的な概念の混乱と現実政治のカオスが待ち受けているかもしれない(4)。あるいは、矛盾する事柄に対する規律化された無視と忘却としてのダブルシンク(二重思考)が、公的世界の基礎的な作法となるかもしれない。

実際、政治的想像力の否定と呼ばれるべき事態は、現代史から消えたことがない。「政治の両義性」は思われている以上にはかない。さらに不幸なことに、こうした苦々しい経験の蓄積は、前述したように、政治の悪しきイメージに固着している。だからこそ、現実政治と政治的なるものとが分離してしまう前に、「政治の両義性」を考えてみたい。「政治の両義性」をどのように判断し調整し定位するかは、人民主権原理では私たち主権者に委ねられている。この意味において、政治を考えるという課題は、私たち自らを考えるという課題から切り離すことができない。人民主権の解剖が政治の解剖の鍵となる。

三 「政治の両義性」の展望

それにしても、なぜ政治はこんなにもつまらないのか。

その大きな理由のひとつは、現実政治が政治的なるものから乖離し、政治の象徴化が行きづまりをみせているからである。これは政治の本質的な危機である。たしかに現実政治は政治的なるものを完全に実現できないが、それを実現しようとする意志すら薄弱になりつつある。こうして、政治はその意味をなくした集合的な行為になろうとしている。このような語の広い意味での政治の機能不全については、各章でそれぞれ考えてみたい。さしあたり重要な点は、「政治の両義性」のあり方についてより明確に考察することであろう。

まず、「政治の両義性」における政治に関する諸概念に着目する。政治的な概念の特質としてしばしば提起されながらも、政治研究ではそれ以上に無視されている特徴は、「本質的な論争性」である。もともと哲学研究の分野でW・B・ギャリーによって論じられた「本質的に論争的な概念」という用語を、政治学分野にもたらしたのはウィリアム・コノリーの功績である。本質的に論争的な概念とは、その適切な使用という議論の前提がすでに終わりなき議論に本質的に巻き込まれているような概念である。コノリーによれば、ある概念（たとえば「政治」）が成立するためには、他の多くの概念（たとえば「議会」「デモクラシー」「主権者」など）との関係が前提となる。そのため、ある要素がある概念の部分をなしているとみなすことは、すでに何らかの判断を含んでおり、その概念が有したであろう別の可能性を排除することで成立している（Connolly 1993: 21）。つまり政治に関係する概念には、さまざまなレベルでの政治的な判断や解釈がいやおうなく流入することになる。そのため、概念の意味と実現をめぐって対立を避けることができない。

コノリーは、概念における記述的次元と規範的次元のつながりに、概念をめぐる終わることのない対立の要因を見いだしている（Connolly 1993: 22）。記述することは、状況を性格づけることである。ただしそれは、観察者の倫理が織り込まれた規範的な視点を排除することができない実践である(5)。そして、記述と規範が相互に絡み合っているからこそ、「政治」や「デモクラシー」などの概念自体が論争の対象となるのである（ibid.: 29）。政治における概念の多くは規範的な視点を含んでおり、行為者たちが相互に意味内容を十全に理解しあえていると前提することはできない。たとえば、「民意」や「愛国心」などの言葉が政治家やマスメディアから発せられる際に、あきらかに特定の価値観がそこに含まれており、聞く側との意味内容の共有がなされていない状況はしばしば生じている。さらには、ポピュリストと一般的にみなされている政治家がポピュリズム批判を口にする皮肉な状況は、現代社会に生きる人間であれば、誰しもが一度は直面したことがあるだろう。

ただし、コノリーの議論はここにとどまらない。彼は論争性がたんに政治的な概念の内部に収斂すると指摘したのではなく、その論争自体が政治過程の一部であると主張する（Connolly 1993: 30, 36）。

そのため、概念の本質的な論争性が最終的な解決を見る日はやってこないし、政治はその気だるい日常に生きるしかない。それは規範と記述の明確な分離が不可能であり、あるいは「政治の両義性」を特定の形式に同一化できないことを意味している。このようなコノリーの問題提起が、概念を無視した政治学の科学化および数量化に対する根本的な批判であるのみならず、学問全般の「脱政治化」への抵抗として理解することができるだろう。

もちろん、ここでは概念の「本質的な論争性」を否定的に論じているのではない。誤解を与えかねないような、論争性の否定的に映る外観――気だるい日常――を自覚したうえで、フリーデンはより積極的かつ発展的にこの政治的な特質を論じている。彼によれば「本質的な論争性」は、ある概念における要素の不在もしくは実在についての問題のみならず、ある所与の概念に実在している要素に加えられる相対的な価値づけの問題を含んでいる（Freeden 2004: 4）。つまり論争性の位置が変化する。「概念は派生的に論争的である。なぜなら、論争性はその概念の本質的な属性ではなく、政治的な言説の属性である」（ibid.: 5）。

フリーデンによれば、政治的な思考がすでに論争性に取り込まれているために、その部分をなしている政治的な概念が論争的であることは派生的に織り込まれているのである。その解釈が永久に完遂しないという点において、政治的な概念は非決定的であり、何かに還元することができない（Freeden 2008b: 200; e. g. Freeden 2005b: 6）。たとえば、彼の主要な分析対象であるリベラリズム（自由主義）は、たんに自由の擁護――すでに「自由」という概念自体が論争的であるが――だけではなく、福祉政策の充実やコミュニティの防衛などの言説的な要素を組み込む可能性に開かれた構成的な概念だといえる。

このようなフリーデンの解釈は、彼のイデオロギー論に如実に反映されている。イデオロギーの役割は、「本質的な論争性」を脱論争化することで、政治的な言語に「決定性のオーラ」をまとわせることである（Freeden 2005a: 131）。いいかえれば、それぞれの概念についての特殊な解釈を相互につなぎあわせ、政治的な意味を境界づけることを目的とする。

> 集合的組織を固定化したり、それに挑戦したりすることで、イデオロギーは社会秩序を自然化あるいは「科学化」する。あるいは、熟議、交渉、または倫理的な認知を通じて、正統性についての貴重な品を確保するような人道的ふるまいの一種を発展させる人間への信頼を、イデオロギーが表明する（Freeden 2008a: 2）。

引用部分の後半は、もちろんフリーデンの皮肉が込められているはずである。強調したい点は、イデオロギーの役割として、（それぞれが解釈する意味で）政治を「安定化」させる方向性が志向されており、そのかぎりにおいての社会的制度や富の分配などの「あるべき姿」が規定されているということである。いうまでもなく、イデオロギーによる暫定的な区分けは、現実政治を理解し判断するための意味をもたらす。この文脈における意味とは、意味論的意味や言語論的意味ではなく、諸概念の関

係性および論理性における解釈学的意味である。(6)

イデオロギーは、「政治の両義性」における政治的なるものと現実政治のズレを埋めてしまうのではない。あくまで、本質的に論争的な両者の関係性を一時的に固定化する。そうすることで、現実政治を判断し、解釈することを可能にさせるのである。このような一時的な固定化とそれにともなう意味の付与は、ひとつの対象に対して複数存在することが想定できる。たとえば「議会」について、法律を作る場という機能的な説明ではなくて、それが特定集団の利害調整の場であったり共通善の実現の場であったりするような解釈を体系的にもたらす。

おそらく、イデオロギーと化した概念の体系が虚偽意識なのか否かを判断することは、「政治の両義性」を論じるうえでそれほど切迫した課題ではない。むしろ、政治的な言説が「政治の両義性」を絶え間なく往来している点に目を向けなければならない。言説はある陳述のたんなる観念的な現われや発話の集積ではなく、象徴的な体系を構成し社会的実践を導き出すような、内的な規則によって高度に規定された意味の形態である（e. g. Bartelson 1995: 71）。言説は、社会構造によって決定されると同時に、社会構造に対して影響を及ぼし、社会の継続や変化に貢献する。エルネスト・ラクラウの表現をかりれば、言説は規則の集合であるとともに、「それを実行し／歪曲し／転覆する行動」である（ラクラウ 二〇〇二c：三七六、フェアクロー 二〇〇八：四一）。この場合、制度は言説が堆積したものである（Howarth 2000: 120）。

たしかに、政治制度自体が政治的なるものの世界から自律的に（即物的に）存在している可能性は否定できない。ただし、少なくともそれに（政治的な）意味を与えるのは、「政治の両義性」をコミュニケーション的に統合する言説である。そして、言説は他の言説との関係において規定されており、言説的規則と構造は、言説の内的なメカニズムや言説的な関係性によって形成される（Mills 2004: 43-4）。そして規則の体系は体系的になる過程であり、それは達成されることがない。現実政治と政治的なるものは言説によって、亀裂の痕跡を明瞭に残しながら、縫合されていると考えることができよう。

そのような言説的な往来の形式――フーコーはそれを「言説の形成＝編制の規則性」と呼ぶ――は、持続的に概念を構成し、言説の編制あるいは理論の軌跡を実践をつうじて決定する。「言説形成＝編制は、〔……〕時間的なプロセスに固有な、ある規則性を決定する」（フーコー 二〇〇六：一一三―四。強調は引用者）。「政治の両義性」は、この理論がもたらす新たな概念の内容が、歴史的環境に規定されているという意味で共時的であり、それが以前の理論との意味の不在をともなう接続において形成されるという意味で通時的である。

フリーデンによれば、「政治的な概念の意味の解釈は、〔……〕たとえその形態が重要な共時的な側面を含んでいるとしても、通時的な見方に依存している」（Freeden 1996: 61）。そのため、言説分析において、言説の通時的な読解がない場合には、概念における意味の存在と不在を理解することはできない。(7) 他方で、共時性が無視されたときには、言説研究に恣意性の不断の流入をまねき――しばしばそれは普遍性を標榜する――、それは言説の構成と限界を明らかにするというテーマを壊してしまう。ジル・ドゥルーズとフェリックス・ガタリは、以上のような状況下にある概念をもっとも簡潔に説明している。「すべての概念は、つねに歴史をもっている」（Deleuze and Guattari 1994: 18）[8]。

さまざまな概念が構成する「政治の両義性」は、時間的なものである――だからこそ政治は時間と切り離すことができないし、政治は本質的に時間がかかる。政治的な概念が最終的な到達点にけっして至ることがなく、そしてその過程がむしろ政治の常態であるならば、政治がもつ時間的性質はこれまで以上に注目されなければならない。このような問題意識を本書と共有するカリ・パローネンによれば、

> 政治の時間を考察することは、偶然的で、流動的で、無秩序なものを概念化することである。その考察は、概念化する行為そのものによって、政治の偶然性をアプリオリに縮減するような方法にはよらない。いわば時間は政治の行為自体を構成する。時間は、政治として知覚されうる流動的な行為をもたらす媒体である（Palonen 2003: 172）。

ただし、ジェレミー・ヴァレンティンが指摘するように、この政治的な行為を時間によって概念化するパローネンの構想は、端的にいって不可能である（Valentine 2010: 207-8）。なぜなら、パローネンは、非還元主義的な方法で偶然性を概念化することを否定しておきながら、概念化が、どのようなものであれ、政治の可能性を制限する点については意識的に触れないでいるからである。しかし、このような不備を問題化することは、ここでの目的ではない。むしろこの不可能性が政治に流れる時間を

必要としている。

政治の時間は、政治的な概念に永久に漂泊する宿命を科すと同時に、そうした政治に終わりがないことを保障することで、偶然性の概念化を未知の可能性に一方的に委ねてしまうことに成功している。たしかに、政治的行為の概念化が、ある偶然的な要素を政治の埒外に放逐するリスクを内包している事実に自覚的でなければならない。少なくとも、政治がつねに未完成であると確認することが、そうしたリスクを最小限に食い止めるための数少ない方策である――そしてこれに時間を費やすことは政治の一部である。

政治の本質的な時間性は、政治（学）と形而上学的な知の形式との根本的な対立として読み替えることができる。政治を政治化するための時間的な過程として理解するならば、政治を超時間的な存在として認めるわけにはいかない。「政治の両義性」は、このような政治の動的な性質として理解できる。そのため、「政治の両義性」を維持してゆくことは、たしかに一面において反政治的な実践である。それは現実政治に対抗するために、批判の論拠を付与し、不満の根拠を明示し、そして反逆の正統性を提起する。だが、それは、あらゆる政治的なるものの可能性を放棄してしまうような脱政治的な実践ではない。政治的なるものは、現実政治の単一の規定に還元されることを拒絶し、その外側にある多様な「一致」の可能性において、むしろ現実政治の持続的な創出を主導する。つまり「政治の両義性」は、現実政治の静態を解体すると同時に、政治としての意味を与えている。この実践は、他方で、「政治の両義性」が変容しつづけることを約束するものである。(9) 概念的変容と対応して、言説構造それ自体もまた不定形な輪郭を有し、「継続的な変形を余儀なくされ」（Bartelson 1995: 2）、新たな構造として再生産される。

以上を踏まえたうえで、本書の目的をより明瞭にくりかえしておきたい。それは人民主権概念を、それが関係する政治的な諸概念との対話を重ねながら、「政治の両義性」において考察することである。しかし、人民主権を含むこれら政治的な諸概念への探究は、分解不可能なひとつの起源を遡及的に明らかにすることが目的ではない。人民主権概念をいったん解体しながら、その総体が構築される見取り図を再構成し、それに生気をふたたび吹き込んでみたいと考えている。こうした二重化した目論見は、人民主権がイデオロギー化する傾向に注意を向けながら、それに抗するような概念的な特質を見いだすことになるだろう――この意味で、人民主権の可能性と不可能性を同時に考えることになる。もちろん、すべてが言説に還元できるわけではない（e. g. Howarth 2000: 104; Mills 2004: 46）。ただ、その関心は、現実的なものとしての実在を証明するために人民の主権を生きたまま捕獲することではなくて、その象徴的な体系としての言説的な構造を脱構築することにある。

四　人民主権の政治学へ

政治に関連する言葉の特質は、それらが「政治の両義性」によって規定されていることである（代表、民意、利益、権利、デモクラシー、革命……)。一例をあげれば、「愛国者」という概念は、ある状況における特定の行為者に付与された政治的な意味に依存している。「愛国者」の条件やなすべきことは事前に列挙されているわけではなく、歴史の判断と表現されてきた政治情勢の推移とそのなかでの言説的な関係性に、この概念の妥当性が委ねられている。そのため、かつて丸山眞男が述べたように、「現実主義者」が現実から遊離しているような状態が発生する。そしてもちろん「人民主権」という概念もまた、このような論争性を免れることはできない。人民主権の辞書的な定義は、「人民が最高の政治権力を保持する」ということであり、しばしば成員が自己統治する共同体の政治権力の形態を意味する(e. g. Habermas 1994)。しかしそれを現実政治に反映した場合に、具体的な政治制度や主権者などのイメージをともなって、さまざまな解釈と適用がなされてきた。

とりわけ、本書は人民主権概念に固有の「奇妙さ」に着目したいと考えている。藤田省三によれば、そもそも人民主権というのは「奇妙な組合わせ」である。なぜなら、主権は世俗的王権を弁証する目的において、その帰属を明確にするために用いられた概念であったにもかかわらず、歴史的結果として人民という「茫漠とした抽象性」と結びつけられたからである(藤田 一九九八:三〇九-一〇)。主権が特定の外形を有していない人民と結びつくことによって、その意味内容をいっそう複雑なものにした。人民と主権との不安定な接続に、現代政治のレジームを批判的に再構成し、そのかぎりにおいて主権を否定する契機が存在している。いいかえれば、主権とその派生形であるはずの人民主権との対立が、本書ではより際立つことになる。人民主権を考えることは、生殺与奪権にまで至る法規範や政治的な境界線を正当化する主権に対して、人民主権原理が「反逆」する契機を見つけ出すことになるだろう。[10] こうした契機は、さらにいえば、国家を主権の排他的な保管庫として想定することができないと糾弾されてきた現代社会における、人民主権の将来を展望する課題と結びつくことになる——この過程において「人民」自身もまた解釈の対象となり、無傷では済まされないはずである。本書の軌跡は、主権の偶然性を理論的な観点から明瞭にするという企図に導かれている。

本書のテーマは、概念の起源の秘密を明らかにすることではなく、概念およびそれに絡みついた言説を分析的に描写することにある。たしかに人民主権を政治的な概念として理解する場合、それもまた論争性から逃れることができない。人民主権を制度として理解した場合、それは現実政治を構成する民主主義制度とそれほど異なるものではない。現在、人民主権は、世界各地でそれぞれオリジナルな形式によって実現していると解釈できる。たしかに、その多様な形態は論争性のひとつの種である。しかし、人民主権を原理として考えるならば、必ずしも既存の民主主義制度に回収されるものではない。政治的な概念としての人民主権を論じるためには、制度から漏れ落ちる言説に目を向けなければならない。このような営為こそ、人民主権を原理として維持してゆく。それは同時に、終わりのない「政治の両義性」に生きることの選択を意味することになるだろう。本書を貫く視座は、現実政治の存在と政治的なるものの現象との不安定で不平等な互換性への配慮にある。以下では各章の展望について簡単に紹介したい。

第一章では、人民主権を論じるうえで基礎となる、本書が想定する政治の現状認識を説明する。これまで普遍主義的な価値を特殊主義的な国家が実現することが、近代政治の基本的な構図であった。このような矛盾をもっとも典型的に示したのは、国家主権および主権国家という言葉である。それは「制限された至高性」である。しかし、相互に至高性を承認し合う、排他的な政治空間というイメージが変容しつつある。それらは部分的には、「ナショナリズムなき主権」の台頭や「国民の同意」の破綻などにみることができる。これらは、主権と国家の接続における「政治の両義性」の揺らぎを示している。この揺らぎは、政治における本質主義に対する批判と同時に、政治的なるものの政治性の再発見を促すことになるだろう。

第二章は、「人民」と「主権」の接続様式を解剖することによって、主権がどのようにして政治に憑依しているかを理論的に解明する。シュミットやアガンベンの哲学的な成果が周知のものとなることで、一般的に主権の機能は、例外状態について決断するものとされてきた。つまり主権の役割は、政治を可能にさせるような条件を構成することにある。しかし、現実の政治史において、主権が妥当する領域は政治過程の展開によって組み立てられてきた。この対立が示すように、主権は原理的なズレ（人民と国民、リベラリズムとデモクラシー、脱領域性と領域性）を内包している。それにもかかわらず、主権論のもっとも顕著な特質は、こうした区別を無化してしまうところにある。主権は前政治的であるが、主権と主権者が結びついた人民主権は政治的である。そしてこの場合、（脱領域的な）人民が（領域的な）国民によって自己言及的に表象される持続的な過程が、主権の存在論の根幹にある。

第三章は主権の存在論をさらに考察する。ここでは、主権には本質が存在せず、何らかの対象との接続なくしては存在しえないという性質に注目する。主体のあり方に応じて、主権は普遍的なものであると同時に特殊的なものでもありうる。そのうえで、現代社会における普遍主義の解体という背景のなかで、主権がどのような意味において「至高なもの」としての自己認識を維持し、あるいはその変更を余儀なくされているのかを考える。また、主権者の存在論を言説的に再構成することで、主権者の概念的特質を論及する。この課題は、現代主権論において主権者概念が不在であるという特質を明らかにするとともに、その理由を考えることが喫緊かつ枢要な政治理論上のテーマであることを示している。重要なのは、「主権者」が現実の権力関係にその意味を委ねており、政治過程を通じて変更可能であり、それには終焉がないという、この概念が有する政治性である。そしてこのような主権者概念の政治性が、主権者の不在と関係していると考えられる。

第四章は、前章までに明らかにされた「主権は自己言及的に回帰する」というテーゼに対する応答を分析する。それは主権者の決定、あるいは人民主権原理の民主主義制度への移行を理論的に考察することを意味する。本章の分析対象はポピュリズムの言説的な構造である。ポピュリズムにおいては、敵対性の多元化とその凝集化という、矛盾する方向性が併存している。このポピュリズムの特性を分析するため、それが構築される二段階の過程が論じられる。ポピュリズムは、敵対的な政治的言説が増殖した社会を前提とし、「人民」という一元的な主体を構築することを目的として登場してきた。ポピュリズムの悪名高きあいまいさは、むしろその還元不可能性として理解されなければならないだろう。人民主権論における人民とポピュリズムにおける人民とのズレに、「政治の両義性」が反映されている。

人民主権原理と民主主義制度とが分離してゆく政治状況において、これまで両者を接続していた「代表」という概念について考察する必要がある。これが第五章の問題提起である。問われるべきは、「代表の何が問題なのか」である。それは、これまで原理と制度の幸福な接続に寄与してきた「代表」という観念が、どのように問題化できるのかを考えることである。現在の政治情勢は、将来、政治的代表の意味転換と評価される可能性がある。たんなる代表制の機能不全ということだけではなく、代表性の完全な実現が不可能であることが白日にさらされようとしている。たしかに代表制民主主義は、代表する者が代表される者をすべて代表できないことがあらかじめ想定されているという点で、けっして実現することのない政治制度である。しかし、人民主権の具象化という目的において、代表は欠かすことのできない論理を担っている。代表によって、代表する者と代表される者とが存在可能となるだけにとどまらず、代表される者の統合的な意志を政治の目的に組み入れることができる。代表を政治から放逐してしまうと、代表される者としか存在しえなかった主権者は解体され、選挙がもつ統合的な価値は放棄されるとともに、個別の政治的決定はたんなるパワーゲームの所産となる。このような状況は、「政治の両義性」としての代表の危機を示している。

終章は、各章で展開された議論を人民主権の名のもとに結集させることを目的としている。これは制度化が困難な人民主権をどのような意味において実現できるのかについて、わずかな可能性を信じながら、模索することを意味する。私たちの政治を実現してゆくうえでの障害は、人民主権原理に依拠し、それをより実効的なものとしようとしたふたつの政治的な潮流である、ラディカル・デモクラシーとポピュリズムとの区別しがたい分岐に象徴的に現われる。そこで、各章の議論を参照しながら、「私たち」を構成してゆくことがなによりも重要な政治的な課題であることを確認する。たしかに政治は救われることがないかもしれない。しかし、政治が放棄されることなく、人民主権と歩みをともにしてゆく必要性は失われないだろう。

註記

（1）「政治」自体が政治理論研究の中心的な課題であるという認識は、近年高まっている。O'Sullivan (1997)、杉田（二〇〇五）、Skorupska (2008) を参照。このような「政治」研究の隆盛をもたらした大きな要因のひとつが、カール・シュミットによる「政治的なるもの」の概念化についての、シャンタル・ムフらによる再発見にあった点は否めない。この点については第四章で論じる。

（2）ドイツ語圏、フランス語圏、そしてそれらに引きつづいて生じた英語圏での政治と政治的なるものとの区別については、Marchart (2007: 1, 55) を参照。なお本書では先行研究が議論してきた両者の区別をより明確に論述するために、この文脈における政治を便宜的に「現実政治」と呼ぶことにする。

（3）敵と友の区別を廃墟化し、シュミットの政治的なるものの純粋な定義を破綻させる、政治的なるものの亡霊性については、Thomson (2005: 148–60) を参照。

（4）バーテルソンは、政治的な概念のひとつである「国家」について、それから「政治の両義性」が放棄された状況について展望を示している。長くなるが引用したい。「国家の終焉というようなものがあるとすれば、それはひとえに国家概念がその象徴的な権威を失うときである。それはおそらく、国家の実在性が全く自明なものとなり、しかもそれが支配的な批判精神にとっては完全に透明なものとなり、結果として、国家についての異議申し立てを行うことが無意味になるときであろう。そしてそのときには、われわれ全員に銃口が突きつけられ、つかの間の恐怖のなか、国家批判の基調がくりかえし唱えられるであろう。『国家は死んだ。国家万歳！』」（バーテルソン 二〇〇六：二八八）。

（5） 倫理と政治のつながりへの着目と、概念の本質的な論争性が直接対峙する政治研究における中立性および合理性への批判に、コノリーが後年執筆する『アイデンティティ／差異』（Connolly 2002）で展開される議論の萌芽をみることができる。

（6） ジェイムズ・タリーによれば、意味論的意味とは、作者が表出している「特定の『発語的』もしくは『叙述的』意味」である。他方、言語論的意味とは、オースティンが「発語内的力」と呼んだような、作者の意図的な効力である（Tully 1988: 8）。これに対して、マーク・ベヴィアは、解釈学的意味こそが政治思想史の分析対象であるとする（Bevir 1999: 53）。ベヴィアの方向性は、作者の歴史的意図を再生する際に解釈者の有する恣意性（あるいは政治性）を直視し、そこに還元主義を持ち込むのではなく、観念のもつ論理性を論じることである。小野紀明もまた、解釈学的意味の考察を政治思想史研究の中心に位置づける（小野 二〇一〇）。ベヴィアの問題意識を継承しつつも、彼の意味分析論が「位置づけられた行為者」という本質主義的な前提を挿入している点を厳しく批判する議論として、Glynos and Howard（2007）を参照。

（7） 言説分析における通時性への感覚をもっとも体系的に、そして明確に提起したのは、ルイ・アルチュセールであろう。彼の『資本論を読む』では、共時的な読解は「著者〔思想家〕における目撃と見過しの結合した存在がこの結合という問題〔概念化〕を提起する、ということを見ない」（Althusser *et al.* 1979: 19）と論じ、「基礎的な『共時性』の『通時性』」（ibid.: 67）の必要性が主張された。ベヴィアもまた、「共時的な説明は、信念の変化や伝統の展開などを対象とすることができない」（Bevir 2000: 299）と主張する。

（8）ポール・パットンは、ドゥルーズにおける（全体的な配置において）絶対的で、（多様で流動的な構成要素において）関係的な「概念」について、適切な見取り図を提供する（Patton 2000: 13-4）。

（9）概念変容の政治的な側面については、Farr（1989）を参照。ジェイムズ・ファーによれば、「概念変容は、ある対立を批判し解決しようとこころみる、政治的行為者のひとつの想像的な帰結である。彼らは、自らをとりまく世界を理解し変容させるようとするように、この対立を自らの信念、行為、そして実践の複合的な網の目のなかに発見し、あるいは発生させる」（ibid.: 25）。そのため、概念変容は「政治的世界のいかなる再構成」（ibid.: 30）にも寄与する。

（10）主権と人民主権の相違については、ジョルジョ・アガンベンがパラダイムの相違として論じている。アガンベンによれば王朝的主権（通常の主権）が政治神学的パラダイムに由来するのに対して、人民主権は生への配慮を担ってきた「神学的‐オイコノミア的‐摂理的なパラダイム」に由来する（アガンベン 二〇一〇）。辻村みよ子によれば、主権の観念は国家権力の総体であり、人民主権などの主権原理はその国家権力の実体の帰属を法的に支持する原理である（辻村 二〇〇二：二八七）。

第1章　政治の可能性と不可能性

一　政治からの解放

「私たちは政治から自由になれるか」。この問いに対する応答の形式はかなりの数にのぼるだろう。さらにいえば、この問いに詳細な状況を設定したり時間軸を挿入したりすることを認めれば、それは無限に広がる。そもそも、「政治」および「自由」という言葉は「本質的に論争的」であるから、この問いそのものの理解が応答者に共有されていると簡単に片づけることはできない――もっとも、本書の後半では、このような政治的な思考が無自覚的に前提とする「私たち」の政治性も同様に問題にしたいと考えている。

こうした理論的な見地をいったん脇に置き、一般的な意味としてこの問いを解釈すれば、「無理だろう」という答えが大半を占めるはずである。なぜなら、私たちは何らかの政治的な単位に属しており、そのさまざまな公的な決定から抜け出すことができないからである。政治権力は、分業しながら地球を埋め尽くしている。たとえ自給自足の生活が成り立つとしても、それは政治権力の妥当性から離脱できることとは別の問題である。さらにいえば、政治権力と政治権力の境目に陣取ることは、自由の達成などではなく、むしろ放置と表現したほうが妥当であることを、私たちは歴史を通じて学んできた。

現代の政治学および政治理論は、素朴な意味での政治と自由との対抗的な認識に対する批判に留意してきた。そして、政治と自由とがどのような意味で共存可能であるか論じることを、ひとつの共通のテーマとしてきた(1)。この問題意識を継承しながら、本章では、既存のリベラリズム的な政治原理との対抗のなかに、「政治の両義性」を取り巻く現状について考える。この実践は、「政治の両義性」の脆弱さを暴露することになるかもしれない。しかし、このようなある種の自己確証と自己批判が、以下の各章の導入になると考えられる。

現代政治が直面している、もっとも顕著にして深刻な課題は、政治的な境界線の流動化である。ここでいう境界線とは、たんに国家と国家を切り分ける国境線だけではなく、ときとしてそれを横断して引かれるようなアイデンティティの区分や公的組織の管轄などの政治的な妥当性の範囲である。政治の機能が境界線の策定にあることは明らかであるものの、その政治自体もまた境界線によって区切られている。複数の境界線があらゆる社会空間で顕在化し、政治がもつ「政治性」が時代の共通認識となってきた。

別の観点からすれば、ある特定の排他的な領域を有した安定的で硬質な政治などはもはや存在せず、流動性と混沌によってそのイメージが塗り替えられようとしている。たとえば、国際機関による国内政治への影響力の行使、いわゆる発展途上国の発言力の増大、政治・経済問題のグローバル化、テロに対する国際社会の連帯、環境汚染や疫病の拡散、そして地方自治への関心の高まりなどは、既存の政治の枠組みを揺るがすような一連の政治的再編の個別的な事象である。そして、現実政治のいやおうなき変容を前にして、政治的なるものの現われをどのように実現するかは、切迫した課題として登場してきた。この課題を考えるうえで、政治と普遍主義との接続に光をあてることによって、「政治の両義性」の置かれた状況を分析したい。

資本主義が世界を覆うまでに拡張をつづけるなかで、それと反比例するかのように、人間社会に普遍的に妥当するとされる知の体系の性質であり、その本質を瑕疵なく映し出すことに成功したと自認してきた普遍主義の妥当性が危機に瀕している。かつて普遍主義を冠した多様な言説、たとえば合理主義、進歩主義、科学万能主義、あるいは西洋中心主義などは、いまや普遍的な効力を著しく減退している。しかし、他方では、環境保護やアンチ・テロリズムなどのような新たな普遍主義的スローガンが、資本主義との微妙な関係性を保ちつつ、台頭してきた。その意味では、むしろ普遍主義が多元化してきているという言い方のほうが適切であるかもしれない(2)。上述したような普遍主義は、断片化されたうえで、日常的な言説のなかに入り込んでいるのではないだろうか。普遍主義を信奉するナイーブさを嘲笑する前に、普遍主義から解放されたと想定するナイーブさを見つめる必要がある。

たしかに現在の政治空間においても、普遍主義的言説の断片（聖戦、正義、使命、生命……）が現実政治に色取りを加えながら、影響力を維持している。これに対して、支配的な言説になりえないような、より影響力の弱い普遍主義は、消滅するどころか、自らをいっそう固定化している。そして、そのようなもののうち、別の普遍主義的立場と通約不可能なまでに至ったものが、原理主義と呼ばれるようになった。かつて一元的なヨーロッパ的普遍主義が支配していた言説空間は、それをあるひとつの原理主義に転化させ、他の原理主義との競合に投げ込むような、熾烈なヘゲモニー闘争の空間になりつつある。普遍主義が排除してきたあまりに多くの事象に光があてられ、普遍主義の存在を所与のものとして想定できなくなったからこそ、普遍主義をめぐる闘争は激しさを増している。

このような普遍主義に関する議論がだんだんと政治の領域へと足を踏み入れてきたのは、偶然ではない。なぜなら、なによりまして政治こそ、普遍主義の宝庫であり、それによって構成されてきたからである。くわえて、ある普遍主義的な言説が実際に適用されるためには、行く手をさえぎるものを物理的に破壊したりその影響力を減退したりできるような、何らかの強制力の裏打ちや援護が欠かせないからでもある。本章では、普遍主義そのものの分析というよりも、政治理論に内包された普遍主義の形式を考えたい。

今日まで継承される近代政治理論における普遍主義の代表的な形式は、政治主体が政治に先行する自然的な規範と接続しており、その普遍的な価値を実現するために、政治が派生的にあるいは道具的に必要とされるというレトリックである。権力行使としての政治は、普遍的に妥当するとともに政治的要素が除去された規範に従属している。もちろん、初期近代に確立した「自然」（本質）と「政治」の二分法は、そのまま現代まで変わらずに維持されてきたわけではない。政治の普遍的な前提として想定された人間の生の様式は、事後的に問い直されることによって、それが意味する範囲や内実を変化させてきた。一例として、政治を規制する規範に与えた、普選運動や労働運動の歴史的成果を指摘することができるだろう。

政治理論の近代史がつねに「自然」を遡及的に再編成するものであった点は、指摘されなければならない。しかし、このような普遍主義的な自然の再編成は、あくまで政治主体のあり方に関する想定の変更にとどまるものであり、政治を規定する普遍主義的な原理という構成そのものを解体するものではなかった。つまり、政治に先行する何らかの普遍的に妥当する価値を前提とし、それらを実現するための手段として政治をみなす構図は、そのまま現代まで影響力を保ちつづけてきた。

問題は、このような「政治と自然の二分法」、あるいは普遍主義による政治の制限が、今後も維持されるべきなのか、もしそうであるなら、どのようにしたら維持されうるのかという点にある。この問題は、政治的なるものの妥当性に関係する。たしかに、「政治と自然の二分法」は、政治認識そのものの「政治の両義性」を脱論争化したひとつの形式である。そこでは、現実政治で実現されるべきものは、政治に論理的に先行する次元で定式化された価値とされた。つまり、政治を規定する本質主義的な規範と、その実現を目的とする現実政治との言説的な接続が政治認識を構成してきた。政治的な普遍主義が示すのは政治的なるものの性質である。ただし、本章で論じようとしているのは、はたして政治的なるものが普遍主義的であるとともに――政治権力から論理的に先行したものという意味において――非政治的であるという認識を維持できるかという課題である。この課題は、自然的な諸個人によってつくられたとされる、主権についての契約論的な起源の妥当性ともかかわってくるはずである。政治的なるものについての本質主義的な理解がつぎつぎと破綻してゆくなかで、「政治の両義性」の存在論を考えるのが眼前の課題である。

次節では、政治と普遍主義の接続を論じるとともに、そのなかにおける国民国家の存在論について考えたい。第三節は、「政治と自然の二分法」に依拠した典型的な思想であるリベラリズムを、その批判者たちの考察を参照しながら分析する。第四節では、政治と普遍主義を対置する認識が限界を迎え、特殊主義的な価値が積極的に評価されてきたなかで、どのようにして普遍性と特殊性を縫合するのか論及したい。そして、最終節では、これまで論じてきた普遍主義的な政治と「政治の両義性」の関係を明確にしたのち、以下の各章の議論に継承される政治についての認識と展望を示す。

二　国民国家とその落日以後

近代政治は、普遍的な本質を前提とし、それを実現することを目的としてきた。だが、それには根本的な矛盾がはらまれている。政治的なるものを実現するための機関とそれが管轄する領域――国家――は、外部の視点からすれば特殊なものにほかならないからである。同時に、普遍的な権利をもつ人間も、この特殊な空間においては、ある特定の他者を排除することで成立する限定された存在――国民――である。つまり、既存の近代政治においては、普遍的な政治的なるものの実現のために、特殊的な、領域化された国民国家が手段として想定されている。そして、それぞれの国家は主権を相互に承認することで、政治的なるものを実現する分業に共同で参画している。こうして、実際の政治的影響力の多寡は別にして、内には絶対の、そして外には個別に制限された国家が世界を余すことなく分有している。

政治にまつわるスキャンダラスな事実のひとつは、政治的なるものを現実化するために、暴力を独占した領域的な国家の諸装置の助けを借りているということである。だからこそ、本節で論じるように、国家と経験的に呼ばれているものと国家と想定されているものの言説的な接続、つまり国家の権威についての考察を避けて通ることができないのである。国家はつねに、その存在理由を説明することがもとめられている。別の言い方をすれば、国家概念もまた、少なくともこれまでは、「政治の両義性」によって規定されてきたのである(3)。

国家が現在影響力を強めつつあるのか、あるいは弱めつつあるのか、この問題を論ずるのはそれほど容易なことではない。国家が生権力を行使する権限と処理能力が拡大しているにもかかわらず、その規制力に対する信頼の低下をいかに理解するかは、この難問の一断面である。そこで、国家権力とそれを支える権威の関係に着目し、その歴史的な変容から国家の影響力を分析するということは可能であろう。

国力の大小に著しい差異がある主権国家群において、それほど多くない共通点のひとつが、その権威を国民の同意にもとめているという点である。この問題は、ある国家が議会制民主主義体制であるのかあるいは独裁体制であるのか、というような政治体制のあり方をいわば横断している。ともあれ、国民の同意をめぐる「政治の両義性」が実際に効果を発揮しているか否かの程度については、残念ながら、それぞれの主権国家の現状に応じてかなりの相違がある。さらに、デモクラシーが実現している（「民度」が高い）とされる国においても、何を「国民の同意」とみなすかの了解については、より混迷の度合いを深めている。

たとえば、それは、ある選挙における特定政党の議席の増減、党首を選ぶ際の党員投票、政治家の人気、マスメディアによる世論調査の結果、街頭インタビュー、デモ隊の横断幕、あるいは正当な過程を経た公的機関での決定などに反映されている。これらは、ときとして互いに対立する可能性をはらんでいるし、国民の意志と呼ぶには不適格だと思われるような、質的・量的な限界や意図的な操作を受けた形跡をもつものなども含んでいる。「国民の同意」を定義する問題は、「代表」の形式を考える課題と結びつけながら、第五章でより深く論及したい。

ここで問題としているのは、このような茫漠とした「国民の同意」が国家という政治空間を所与として受け入れているという事実である。政治的な想像力が国家の内側に収斂する傾向は、国家を必要とする国民の同意の持続として理解されている。国民国家の近代史は、このような国家の正当性と国民の同意の相互依存が深まる過程であり、それによって国家権力の社会生活に対する影響が強められてきた。たとえ国家の現状を批判する場合においても、あるべき国家という批判意識のなかに国家の権威は巧みに入り込んできた。そうすることで、国家それ自体を放棄する可能性をむしろ縮減させてきたのである。

いいかえれば、普遍主義を実現する装置としての国家への信頼は、歴史的に高められてきた。もちろん、国民国家の統合を高めるうえで、ナショナリズムが果たしてきた役割を過小評価することはできない。国家への信頼（およびそれと表裏一体である国家への依存）は、国家が他の政治的共同体の構想との競争――実際、相手は脆弱であったが――を勝ち抜いてきたことを意味する。その背景では、国家権力による「概念としての国家」に対する操作という側面が持続的に機能していた点を見逃すことはできない。むしろ、国民国家の内部で繰り広げられた国家概念をめぐるヘゲモニー闘争こそ、近代政治史の中心を占めてきた。とはいえ、以下では、「国民の同意」の展開について注目したい。

先述したように、「国民の同意」もまた論争的な概念であり、語の深い意味における政治状況に規定されている。このような主張は、国家が国民をつくってきたという広義の政治史を無視するものではない。理論的にも歴史的にも、国民を国家の目的として政治過程の本質に組み込むことで、国家は特殊的でありながら普遍的であるという原理的立場をえる。国家は、国民の前政治的で普遍的な利益を実現することを委託された唯一の機関である。たしかに、そのような「委託」は、すべてが平和裏に遂行されたものではなく、大なり小なりの暴力の介在によってなされた場合がほとんどである。このような産みの苦しみを経験した結果、いまや、国家の権威は国民が存在するかぎり調達されるものであると広く認識されるようになった。この国家の存在論をめぐる一種の詐術は、現実政治に対する政治的なるものの屈服の、もっとも原初的なもののひとつである。この点は、国民と人民との対比に注目しながら、次章以降であらためて考察する。

このような国家と国民の相互依存的な結びつきは、後期近代におけるデモクラシーのイデオロギーとしての浸透力の強さに関係している。国民国家を構成する国家と国民との適合的で循環的なつながりという意味での「デモクラシー」は、近代世界システムにおいて比類のないものとみなされる。国家は国民の利益を体現し、国民は国家によって保護されている。このような国家と国民の契約関係がデモクラシーと解釈され、具体的な政治制度はこのイデオロギーの観点から意味づけられている。たとえば、議会制度はたんなる法をつくる機関ではなく、国民の意志を表現する舞台へと解釈がなされる。つまり、形式としてのデモクラシーではなく、国民を介して超越的な次元に接続されたイデオロギーとしての「デモクラシー」が絶対的になる。少なくとも、このような半ば超越的なものとしてのデモクラシーという認識は、非民主的とされる国家に対してのみならず、民主的な国家に生きる人びとに対しても、いまなお強い浸透力を維持している。同時にそれが超越的なものであるかぎり、非民主的だと解釈された国家や地域への暴力的な介入が、その普遍性において擁護されるのである。ひとつの国家の決定が、普遍主義的で超越的なものとされた政治的なるものの次元と接続している——

「デモクラシー」の本質的な論争性をいわばデファクトに押し切るかたちで。

ただし、後期近代国家が直面しているのは、政治的なるものの本質主義的な非政治性に依拠してきた、国家と国民の接続が揺らいでいるという課題である。このような現状は、国家が実現すべき普遍主義の虚構と限界を暴露するとともに、それに支えられたシステム全体への忠誠を解体する。国民の同意という国家の権威が成立する余地が、急速に収縮している。もちろん、そのもっとも大きな理由は、現実政治のレベルで、国家が社会問題の解決に職責を果たせなくなってきたということにある。国家が国民の同意を拡張させてきた近代史における正当性の正の連鎖とまったく逆に、国家の正当性の減退が新たな減退を招くような負の連鎖に陥っている。国家が多様化する社会問題に対して無力であるという幻滅感は共通認識となりつつある。反面、国家はより強力で広範囲にわたる国民の同意を獲得するために、生権力のいやおうなき行使に活路を見いだすようになってきている[4]。

ウィリアム・コノリーによれば、国家が最高度に正統化されるのは、「民主的な外見」をそれが示すときであり、そのかぎりにおいて、民主的な理念が国家に「植民地化」されている。しかし彼は、主権的領域性に画定された「民主的な答責性を有する政治的実体としての国家という古典近代的な概念」は、しだいに時代錯誤的なものとなると診断する。そして、こうした後期近代国家が続発するグローバルな問題に対応しようとすればするほど、規律権力を局所的に用いて、結果的に地球的生存への危険を高めてしまう。規律の外側にある偶然性は、もはや国家の機能では対応できないのである。「偶然性の地球化こそは、後期近代の決定的な特徴である」(Connolly 2002: 25)。この時代は、偶然性が地球規模で拡散するとともに、「生の強力な組織化によって偶然性を支配する近代の衝動」が主権的領域性の内部で維持されるような、倒錯した状況にある（ibid.: 35）。そこでは、国家を中心としたミクロ的な偶然性を除去する手段がますます洗練されると同時に、その外側でマクロ的な偶然性が地球化しつづけることになる（ibid.: 27）。そして、国家は自らの不効率を覆い隠すために、いっそう権力行使の戦線を拡大することになる。国家の効率性への障害が強まり、生産力文明への信仰が弱まった後期近代では、むしろ、主権国家の頑強さが鮮明になるといえるかもしれない。なぜなら、国家は規律権力を媒介として、「自己補強的な意味作用循環」（ibid.: 210）と呼ばれるべき、ルサンチマンの対象とアイデンティティの確実性を同時に形成するからである。[5] 後期近代はそれに対応する政治的な場が欠如した——政治の両義性についての根本的な危機——時代である（ibid.: 23, 215）。

後期近代の国民国家の機能不全は、あきらかにグローバリゼーションの影響というコンテクストのなかで考えられなければならない問題である。所得の分配機能の低下、格差の拡大と固定化、移民の増大、食糧不足、人口バランスのひずみ、公教育の限界、エスニック・マイノリティの発言力の向上、女性の社会進出、国境を越えるテロリズム。このように限りなく列挙できるような既存の国民国家の危機的様相は、政治から切り離された普遍的な権利の享受が認められた、国民概念の破綻という側面を総じて示唆する。国民をめぐる恣意性と構築性が多方面から暴露され、その本質主義的な理解を擁護することはすでに不可能になった。こうして、法的にも社会的にも、国民を画一的に想定するのが困難な時代が到来している。それにともない、社会問題の原因や影響は国境線を容易に横断し、ひとつの国家による対策には限界が生じているのである。

ニック・ヴォーガン・ウィリアムズは、主権国家の境界線と主体化に輪郭を与える境界線とを区別することをもとめる。そして国境線は単位としていまだ有効であるにもかかわらず、その主体である国民の政治的な位置づけが揺らいでいるとみなす（Vaughan-Williams 2009: 6–7）。彼によれば、後者の意味における境界線を主権的決定として論じているのが、ジョルジョ・アガンベンである。アガンベンは主権権力を領土に根差した空間的なものとしてとらえるのではなく、生についての決断や言語行為として理解している。このような決断は、生きるべき生を認められた人びとによる政治共同体の境界線を、行為遂行的に生産し保護する（ibid.: 116–7）。アガンベンの議論を参照することでヴォーガン・ウィリアムズが主張するのは、「一般化された生政治的な境界」が揺らいでいるとともに、その線引きが政治の場として認識されるようになってきた点である[6]。

以上は、国内政治の課題が国家間で処理される外交問題となったということではない。むしろ、国内政治と国際政治を区別する国家の枠組みが、政治権力の行使を独占することができなくなってきたということである。それは国家が普遍主義を代行するような、ある意味においては歪んでいる近代国民国家体制が維持できなくなっていることを意味している[7]。普遍主義を実現するための、国境線を前提とした国民と国家の契約関係が効力を失いつつある。それは同時に、主権国家群から見捨てられている国際問題に対して、政治主体が取り組むための責務をもとめているともいえよう。

眼前にあるのは、国民国家の全般的な危機である。そこでは国家や国民が消滅するというよりも、国家と国民の理論的なつながりが断ち切られようとしている。国家の暴力装置としての側面が近年際立って見えるのは、規範主義的な意味における国民の退行という事態と無縁ではあるまい。正当性を失いつつある国家をどのように認識するか。それにどのような役割を与えるか。自らの普遍主義的な立脚点が脅かされている私たち主権者に突きつけられた課題は、国家とは何かという根源的なものである。

このような現代社会の実践的な問題が浮き彫りになる状況のもとで、これまで政治のあり方を規定してきた、そして今後も規定してゆくだろう主権についての考察を深めることは、それほど現状忌避的な選択肢ではないはずだ。そしてこの課題と平行しながら、私たちの政治を模索することになるだろう。少なくとも、こうした政治的な思考に参加する資格は、まだ手元に残されているはずである。

三　リベラリズムを批判すること

政治的なるものを政治性が否定されたものとして想定すること。このような近代政治の特質をもっとも顕著に反映したイデオロギーが、リベラリズム（自由主義）である。リベラリズムにおいて、政治主体は自律的で、自己抑制的で、合理的な個人である。そして、ジェイムズ・マーティンが指摘するように、リベラリズムは、このような普遍的可能性をもつ個人を本質的に私的な存在とみなして政治の前提とし、彼らの利益が合理的に公権力へと集約されると考える（Martin 1999: 159）。そのため、公権力が実現することのできる価値は、共約可能な価値のみに限定され、それ以外の共約不可能な価値は私的領域に留め置かれる（齊藤 二〇〇〇：六八－九）。こうして、公権力によって実現されるべき公的なものと、公権力が介入することができない私的なものとが、明確に区別される。このリベラリズムの理念を前提とし、政党制と議会制を両軸とした代表制民主主義を中心とした政治制度は、リベラル・デモクラシー（自由民主主義）と呼ばれる。

本節では、台頭するリベラリズムに対する批判を分析しながら、変容を余儀なくされた政治における普遍性の形態を論じたい。まず強調しておかなければならないのは、これまで政治思想の主流を占めてきたリベラリズムを博物館に送ることが、本書の意図ではないということである。リベラリズムを破壊することによって失くすものは大きいし、学ぶべき点はまだ尽きていない。そのようなものとして、たとえば、法や規範に対する順法精神、平等や公平への終わりなき希求、あるいは極端を嫌う中庸主義などが思い浮かぶ（e. g. Connolly 2002: 94）。とりわけ、政治的なるものとの言説的な接続において現実政治を考察するというリベラリズムの視座は有益である。リベラリズムは「政治の両義性」を維持することを鮮明にしており、政治を考える資格を個人に開放している。

簡単にいえば、どのようなかたちであれ、リベラリズムを放棄してしまうことで、「政治の両義性」を構成してきた現実政治と政治的なるものの言説的なつながりを無効にしてしまうかもしれないのである。少なくとも、現実政治を評価するためのアイロニカルな次元は維持されるべきであろう。

ただし、そのような次元が政治性から切り離されては存在しえないという認識において、リベラリズムを批判することはできる。このような批判は、国民国家と普遍主義的な政治的なるもののつながりを問題化するのみならず、グローバル化した政治様式についての構想に一石を投じることになるはずである。

この観点からのリベラリズム批判として、二種類の傾向を指摘したい。第一に、リベラリズムが想定する政治主体に内包される抑圧的な性質を明示することによって、その普遍主義がもつ妥当性を解体する立場である。そして第二に、リベラリズムがもつ、政治を否定する傾向を暴露することによって、政治を再生しようとする立場である。リベラリズムとの対抗を主導する政治理論家たちは、この二点のリベラリズムの傾向を、その絶対的な限界であるとみなしている点で共通している。この二種類の傾向とそれに対する批判をそれぞれ考察したい。

第一の批判として、ウィリアム・コノリーは、リベラリズムが「現実の自己が評価されるべき参照をもたらす、正常な個人や合理的な個人のモデル」（Connolly 2002: 74）を前提としている点を指摘する。彼によれば、アイデンティティは差異との関係において生み出されるものの、いったんそれが確立すると硬直的に自己確証を保全する傾向にあるために、差異を他者性に転換して悪として破壊しようとする（ibid.: 64）。このような「正常化」を政治の本質に奉じたイデオロギーがリベラリズムである。リベラリズムの普遍的な「個人」は、正常性、自律性、合理性を独占し、自己確証を脅かす差異をあらかじめ排除することで成立している(8)。コノリーの系譜学的アプローチは、政治の目的となる自然な人間という想定は、ある特定の権力作用の産物であることを明らかにしたといえる。非政治的で本質主義的な政治的なるものという想定がもつ「政治性」が、指摘されたのである。

リベラリズムが前提とする「個人」の抑圧的性質の暴露は、コノリーと私たちを、第二の批判である、リベラリズムの非政治的性質へと導く。彼によれば、正常で合理的な個人のモデルに依拠するリベラリズムでは、政治的なるものが法的なるものに還元される。

> 政治の争点のほとんどを権利、正義、義務、責任といった法的なカテゴリーに圧縮する傾向、および政治に残される争点を、個人や集合体がその「利益」や「原理」を法的規則の枠内で合理的手段をもって競い合う構想として道具的に考える傾向となる（Connolly 2002: 74）。

リベラリズムは、政治を規範化することによって、アイデンティティと差異がもつ多元的な性質を政治の舞台から放逐する。それは同時に、支配的な普遍主義的な価値に対抗する政治的行為や政治闘争がもつ根源的な価値を抜き取って、これらを一元的な利害調整の場へと還元する機能を果たしている(9)。

シャンタル・ムフもまた、リベラリズムが「政治的なるもの」の性質を十分に把握できていないと指摘する。政治的なるものにとって不可欠なのは、私たち（友）と彼ら（敵）を区別する敵対性の次元である。ムフによれば、リベラリズムを代表とする、敵対性の次元を消去する「非政治的」イデオロギーは、デモクラシー的な政治の根幹と政治的アイデンティティの動態的な構成に対する理解を欠いている（Mouffe 2005: 2）[10]。たとえば、ジョン・ロールズは、正義に関する議論からリベラルな前提に同意しない人びとを締め出して、政治的決定をあたかも道徳的な要求であり、「民主的な公共的理性の自由な行使」の成果であるかのように提示している。しかしながら、彼女は、いかなる合意であっても暫定的なヘゲモニーの一時的な結果にすぎず、何らかの排除をともなっていることを指摘する。必要なのは、民主政治の限界を合理性や道徳のベールで隠すことではなく、決定不可能性を表面化させる脱構築の企図にしたがいながら、その内なる敵対性と政治性をみとめることで、意見の多様性の承認と抑圧に対する異議を可能にすることである（ムフ 二〇〇二：一九－二〇）。

これら相互補完的であるふたつのリベラリズム批判――政治主体の抑圧的性質と政治空間の非政治的性質への批判――は、政治をリベラリズム的普遍主義を解体させるものとして期待している。コノリーの立場は、リベラリズムの法的な政治がもつ「利益」や「原理」の抑圧的な傾向を暴露することで、政治の復権を目指す。彼の系譜学的アプローチは、正常と異常あるいはこれと同類の二項対置をもたらしてきた本質主義的な枠組みを歴史的に問題化し、それを擁護してきた目的論－超越論的な正統化を留保し、結果として、異常性に対する反省的な契機および原罪の自覚を提供する（Connolly 2002: 181-2）[11]。ムフは、リベラリズムが前提とする非政治的で普遍主義的な規範を「政治」に引き戻すことで、その政治システム――彼女にとってこれは本来の政治ではない――を理論的に解体しようとしているのである。こうして、リベラリズムが所与とした、普遍主義的で非政治的な主体論および本質主義的な政治的なるものに対する認識への批判が高まりつつある。

普遍主義的な政治観と結びついていたリベラリズムに対する批判が台頭した背景に、グローバリゼーションの展開とその影響を想定することは容易である。しかしながら、グローバリゼーションは、必ずしもリベラリズム的普遍主義に対して一方的に敵対的であるわけではない。むしろ政治のグローバル化は、リベラリズムの本質主義的前提である抑圧的性質と非政治的性質を剥き出しにする。換言すれば、グローバリゼーションは、リベラリズムが境界を越えて原理化する可能性を提供するものでありながら、たえず批判を招かざるをえないような両義的な展開である。

たしかに、一方では、リベラル・デモクラシーの地理的な拡大にともない、その外部にある政治空間は、それとの妥協かあるいは拒絶かという究極的な選択を迫られることになってきた。しかし他方では、リベラル・デモクラシーが他のさまざまな政治原理と衝突することで、それが近代西洋史の状況と展開に制限されたものである事実が、徐々に明らかとなってきたからである。つまり、政治に先行する自然という想定そのものが、ある特定の政治的な文脈によって構成、変更、解釈される事実が周知のものとなったのである。リベラリズムが将来どのようなかたちでグローバル社会に影響をもちえるかいまだ不明なために、しかしながら、その変容にとって現在が重要な分水嶺となるという強い実感があるために、リベラリズムをいま論じなければならない。リベラリズムに対する批判は、このような時代の要請によって登場してきたのである。

国民国家という外套を脱ぎ棄てた近代の普遍主義的リベラリズムは、グローバル化すると同時に、その妥当性に疑念がよせられている。政治的なるものの政治性を暴露する作業は、今後も世界中でなされる政治理論上の課題であろう。こうして、普遍主義は普遍的であることを強弁するのではなく、特殊的なものとされてきた性質との何らかの妥協や吸収を余儀なくされることとなる。現在、新たな普遍主義が模索されているのは、まさにこの点である。政治における普遍主義の変容は、本質の実現を目指す政治から、変容や差異を調停する政治へと、政治観の変更をともなうものである。この政治的な取り組みについては、次節以降で考察したい。

四　普遍主義か特殊主義か

これまでの議論を要約すれば、「政治と自然の二分法」という政治における普遍主義の形式は、国民国家の政治様式と結びつけられた、ひとつのイデオロギーである。しかし、このイデオロギーに含まれた政治性が周知になってきたにもかかわらず、政治は普遍主義を追いもとめる姿勢を崩してはいない。なぜなら、政治が公共的なものであるかぎり、政治は何らかの普遍性を構想しなければならないからである。私たちを納得させるような論理を、政治は模索しつづける必要に駆られている。普遍性のあくなき追求は、「政治の両義性」の妥当性を高めてゆくための理由であるとともに、それが生き残るための数少ない方策のひとつでもある。

そのうえで、いかにして、またどのような意味において、普遍主義を構築するかが新たな難問として現出することになる。この問題は、普遍主義的なレトリックが崩壊して安定的な基盤——それは同時に政治に対して規範的で抑圧的であったが——を失った政治を、どのようにして公共的なものとして再構成するかという課題でもある。本節では、このような答えなき問題に対する応答を参照しつつ、特殊性の増殖が著しい政治空間における普遍主義のあり方について考えたい。ここで注目するのは、前節で論じたムフと、そのパートナーで同じくデモクラシーへの根源的な考察で知られるエルネスト・ラクラウである。

普遍主義的リベラリズムを否定したムフにとって、新たな普遍主義を考察する方向性は明白である。「普遍主義は、拒絶されるのではなく、特殊化される。必要なのは、普遍的なものと特殊なものとの新たなかたちの節合（articulation）である」（Mouffe 1993: 13）。この新たな節合は、ラディカル・デモクラシーの追求である。彼女によれば、「ラディカル・デモクラシーは、差異——つまり、特殊的なもの、多様なもの、異質なもの——の承認を要求し、事実上、抽象的な『人間』の概念によって排除されてきたあらゆるものの承認を要求する」（ibid.）。そして、このデモクラシーの基礎となる市民権は、「理性と等置された男性だけに割り当てられた観点」から、普遍化されることのできる権利ではない（ibid.: 71）。それは「差異の表現に関する権利」である。デモクラシーは、さまざまな政治的な要求を顕在化さながら実現してゆく過程であり、所与として設定された普遍的な共通目的の実現を目指すことではない。

注意しなければならないのは、ムフが特殊主義に一方的に加担することで普遍主義を拒否しているのではないという点である。彼女は、純粋な特殊主義は、別のかたちでの本質主義であることを明確に認めている。特殊な価値や利益に立脚し、それら相互の調停のみを機能とする政治は、逆説的に、既存のリベラル・デモクラシーと近似する。ラディカル・デモクラシーが追求する政治形態は、むしろ普遍主義と特殊主義が結びついたものである。それは、

ラディカル・デモクラシーの立場からなされる自由と平等の原理の解釈に共同して同一化することを通じて「私たち」を構成すること、いいかえれば、民主主義的な等価性の原理によってさまざまな要求を節合すべく、それら諸要求のあいだに等価性の連鎖を構成することである（Mouffe 1993: 70）。

ムフによれば、差異化された諸要求を、それぞれ等しいものとして節合することで構成される「私たち」こそ、「普遍的なものと特殊的なものとの新たなかたちの節合」である。それでは、さまざまな要求が等しく節合されるとは、どのような政治作用を意味しているのか。この問題に対して近年刺激的な考察を深めている哲学者がラクラウである。

ラクラウは、普遍主義に対する認識をムフと共有している。ラクラウの明白な言明によれば、「普遍主義と特殊主義は正反対の観念ではない。むしろ、〔……〕ふたつの異なる動きとして理解すべきである」（ラクラウ 二〇〇二c：三九七）。ポスト冷戦期の社会・政治闘争において、普遍主義が時

代遅れの全体主義的な夢想とみなされる一方で、独自の価値を提起する特殊主義の台頭が顕著になってきた。グローバル化した資本主義は、国境線に区切られた社会の同質性を解体することで、さまざまな特殊な「要求」を表出させた（Laclau 2005a: 223）。しかし特殊主義を新たな政治原理とするのみでは、いかなる特殊な権利や利益も承認しなければならず、また、たとえばアパルトヘイトのように、分離するプロセスに潜む権力関係を解消することができない（Laclau 1996a: 26–7）。ラクラウの診断によれば、政治と切り離された本質を原理とするような普遍主義と特殊主義がともに行きづまっているからこそ、新しい普遍主義の構築が要請されるのである。

ラクラウによる普遍主義の再構築という作業の特質は、第一に、普遍性が特殊性から構成される点であり、そして、第二に、その新しい普遍主義が、「人民」の再構成と結びついている点である。すでに述べたように、ラクラウ（そしてムフ）の社会認識によれば、既存の普遍主義的な人間像に根差した政治的要求を逸脱するような「特殊的なもの」の増加によって、政治の普遍主義的な前提は掘り崩されている。このような現状に、彼は、むしろ新たな普遍主義の萌芽を見いだす。「普遍的なものは特殊的なものから発現する。それは特殊的なものを説明したり根拠づけたりする原理としてではなく、互いに遊離した特殊なアイデンティティを縫合する不完全な地平として発現する」（Laclau 1996a: 28）。ラクラウによれば、「空虚なシニフィアン」の存在こそアイデンティティの等価的な連帯の表出と構成を行なう（Laclau 2005a: 129）。「空虚なシニフィアン」とは、それが指示するシニフィエ（指示内容）のないシニフィアン（指示記号）のことである（Laclau 1996a: 36, 2005a: 105）[12]。

さまざまな特殊性は、特定の意味内容をもたないシニフィアンのもとに偶然的に節合される。彼の理解では、無数の特殊なアイデンティティの対等な連帯の構築としてのみ、普遍性が存在するのである。普遍性と特殊性は対立するものではない。むしろ、彼の表現を用いれば、普遍性は特殊性に汚染されている。ある言説構造の内部で、それらに弁証法的で構成的なつながりを見つけることは、「不完全な地平」としての新たな普遍性をつくりだすことを意味する。そのつながりこそ、ラクラウがヘゲモニーと呼ぶ権力の構成である。

ラクラウによる新たな普遍主義の再構築の特質は、それが政治主体としての「人民」の構成と不可分に結びついている点である。

> 空虚なシニフィアンはそれが等価的な連帯を指示するときのみ自らの役割を果たし、その役割とは「人民」を構成することだけである。いいかえれば、等価的な諸要求の水平的な節合に位置づけられたデモクラシーの主体の存在にのみ、デモクラシーは存在しているのである。空虚なシニフィアンによって節合された等価的な諸要求の集合は、「人民」を構成する(Laclau 2005a: 171)。

この構成的な人民の中心はつねに空虚であり、人民がひとつの特殊性に完全に回収されることはない。別の観点からすれば、欠如した主体を形成するうえで、シニフィアンが権力作用の場であることは鮮明になる。同時に、意味作用の中心点としてのシニフィエは消失し、それはラカン的な象徴界の外側

――主体化の外側――に置かれ、シニフィアンによって創造されるひとつの効果となる（スタヴラカキス 二〇〇三：五九‐六〇）。

あらゆる特殊性から新しい普遍的な政治主体である人民を持続的に再構成する政治過程に、デモクラシーが存在する。「普遍的なものは、特殊的なものとは通約できないが、しかしそれなくしては存在しえない。〔……〕このパラドクスは解かれることはないものの、この解決不可能性はデモクラシーの前提である」（Laclau 1996a: 35）。ラクラウは、このパラドクスが維持されることなくしては、新たな普遍主義が成立しないと認識している。「普遍性の次元は、〔新たな普遍主義の実体である〕共同性が全面的に同質的ではないかぎり排除されえない（もしそれが同質的であれば、消え去るのは普遍性だけではなく、まさに普遍性／特殊性という区別そのものなのである）」（ibid.: 56）。普遍と特殊のパラドキシカルな接続に依拠した主体の政治は、同一性を実現することが不可能な同一化する過程として描かれる。

本節で示してきたことは、リベラリズム的な普遍主義が有する政治性を否定する傾向を問題化した、ムフおよびラクラウによる普遍主義の再構成であった。彼らにとって共通の前提は、「普遍的なものの特殊性」（Laclau 2005a: 225）に依拠して、普遍主義を多元的なものとして組み替えることである。[13]この課題は、新たな政治主体――「私たち人民」――を、差異化された特殊な諸要求を節合して、普遍的なものとして構成することである。普遍性は静態的な前提やアプリオリな与件ではなく、特定の陳述に還元することが不可能な過程であり性質である。そして、彼らによれば、この主体化の形式と普遍主義の再編成との不可分で持続的な過程に、ラディカル・デモクラシーが存在するのである。その意味で、普遍主義をリベラル・デモクラシーとともに政治的言説から放逐することは、デモクラシーそのものが成立する可能性を摘んでしまう。そのため、普遍主義は生かされなければならない。それは、普遍性を超越的な本質とするのではなく、それを政治過程に組み込むことによってのみ果たされるのである。

五　普遍主義とどのようにつき合うべきか

政治理論において普遍性が果たす役割の移行が生じつつある。かつて普遍性が意味したものは、政治の本質であり非政治的な基礎であった。これに対して、新しい普遍性が成立する可能性は、本質主義的な前提を退け、正当な政治過程そのものに反映されている。普遍主義は、静的なものから動的なものへ、条件から過程へと、その存在の様式を変化させつつある。新たな普遍主義は、過去にも数多く存在したリベラリズムへの批判とは異なり、自らの普遍主義的な立場を本質化しようとする欲求を断念している。普遍主義の特殊化と特殊主義の普遍化の交錯が、政治理論——とりわけ新たなデモクラシーの展望——が論じられる地平として理解されるようになってきた(14)。

このような変化は、「政治の両義性」との関係において、どのように表現することができるだろうか。第一に、現在一般的なものとなっている政治的なるもののイメージは、唯一のものでもなければ、何らかの特別な理由によって他に優越されるべきものでもないことが明らかとなった。「政治と自然の二分法」は、「政治の両義性」の論争性をあるひとつの形式に固定化したものである。たしかに「政治と自然の二分法」以外の体系的な政治構想をいま持ち合わせていないものの、それを国民国家が占有するという近代史は相対化されてきた。そして、第二に、「政治と自然の二分法」による固定化の形式がすでに政治によって規定されている。つまり、現実政治を規定する普遍主義的な本質という認識は、何らかの権力作用から切り離して存在することが不可能である。奇妙に聞こえるが、政治的なるもののあり方が政治的であるということは、しだいに周知となってきた。

政治的なるものの可能性は、いまや多様な政治的な言説の闘争に広く開かれているはずである。だが、政治における本質主義的な理解が退行することは、「政治の両義性」をより絶望的なものとして示すことになったかもしれない。なぜなら、政治的なるものが実現された形式やその解釈がこれまで同様に中心的な政治課題として継承されるだけではなく、実現すべきことそれ自体にいやおうなく権力作用が流入していることを認めることで、現実政治と政治的なるものとの同一化がほとんど不可能となったからである。「政治の両義性」は、概念の終わりなき定義づけの過程を示すとともに、それをひとつの実践上の性質として組み込んだ私たちの政治のあり方を端的に表象している。

たしかに、既存のリベラリズム的普遍主義が新たな特殊的な普遍主義にすべて置き換わると想定するのは性急である。問題は、特殊主義が先か、あるいは普遍主義が先かという二項対立ではない。むしろ、政治を取り巻く現状にとって枢要な点は、本質主義的な普遍主義が、さまざまな普遍主義へのアプローチの登場によって、断片化され、破綻しつつある点である。この状況下においては、これまで支配的であったリベラリズム的普遍主義も、ムフやラクラウの普遍主義も、ひとつの特殊な言説にほかならない。それは同時に、普遍性と特殊性の区別と、それを可能にする中立的な視座を維持することとが、きわめて困難であることを意味している。

あるいは、このように考えることもできるかもしれない。国民国家が普遍主義的な政治的なるものの実現を司るという形態が、歴史的に特殊なものであったと。この方向性にしたがって考えることで明らかとなるのは、近代世界の特徴である国家と政治の互換可能なつながりさえも、ある種の一過的な必要性によってもたらされていたのかもしれない、という疑念である。政治的なるものが広く拡散しているという認識がすでに受け入れられつつある以上、政治の担い手をなにも国家に限定しなければならない必然性はないはずである。そして、国家を政治のひとつの重要な担い手と認めつつ、より多元的な政治空間をつくりあげてゆくことは可能である。それは、同時に、近代政治システムにおける国家と結びついた普遍主義の存在そのものを変化させる。

それに代わって、それぞれの普遍主義が交わるさまざまな場に、政治空間の複数性を見つけることができるかもしれない。この場合には、もちろん主権概念も修正を受けることになる。ライア・プロコヴニックが指摘するように、自律的な諸個人の同意による主権の構築という、政治（および国家）の基部に関する周知の物語は変更されなければならない（Prokhovnik 2007: Chap. 2）。なぜなら「政治的なるもの」の政治性の承認は、政治を本質的に規定する自然という発想を否定するからである。手つかずの起源の存在が否定された主権概念の行方については、次章および第三章で中心的に論じたい。

さしあたり必要なことは、普遍主義の政治に対する優位から、政治の普遍主義に対する優位へと反転させることである。このような政治に対する認識論上の転換は、政治概念そのものの意味変容を導く。いまや政治は、共通の目的を実現することであると同時に、その共通の目的の構成と来歴を批判的に解析する。政治に終焉がないのと同様に、政治には実現されるべき超越的な本質や始原もない。ここで政治にもとめられる役割は、多元化した暫定的な普遍主義たちを調停し、縫合し、互いに弁護させることではないだろうか。それは、それぞれの普遍主義に、その限界をくりかえし表面化させることによってのみ果たされる。そのため、妥当性の範囲を判断することが政治の枢要な職務となるとともに、普遍性に対する葛藤を胸にしながらその職務にどのように参加するかが、普遍性と特殊性が交錯する世界に生きる人間の課題になる。その場合、自由のひとつの形式を政治権力の構成への参加――「政治の両義性」の持続という意味での――にみることができる。

たしかに、「政治と自然の二分法」は、普遍主義のベールを剝ぎ取られてしまった。それは、政治的なるものが政治の本質主義的な前提ではないという新たなテーゼを受け入れることを意味する。しかし、政治における本質主義を排することと、政治的なるものを排することは、混同されてはならないのである。政治的なるものの質的な転換とその領域性の揺らぎこそ、政治的なるものを自らの手で実現しようとする人民主権が考察されなければならない地平である。以下の各章では、「政治の両義性」の内側で人民主権を考えるという実践を展開してゆきたい。

註記

（1）政治と自由の関係性を論じた代表的な思想家としてハンナ・アレントを挙げることができる。このテーマについての彼女の議論は、川崎（二〇一〇）を参照。

（2）ソール・ニューマンは、権力、主体、倫理、デモクラシーなどの政治的概念が多元化した普遍性（Universalities）に依拠していることを指摘する（Newman 2007）。

（3）クエンティン・スキナーは、国家の人格と統治機構を区別するフィクションを国家論に導入することの意義として、（とりわけ緊急時における）統治の正統性に対する基準とともに、統治行為が民衆およびその子孫を拘束する説明を与える点を指摘する（Skinner 2010: 45–6）。

（4）デイヴィッド・ヘルドは現代政治の驚くべきパラドクスとして、「人民による支配」という理念が世界のさまざまな単位で擁護されるようになってきたにもかかわらず、同時に、民主主義のナショナルな形態に疑念が高まってきた点を指摘する（ヘルド 二〇〇二：二五－六）。

（5）コノリーはグローバリゼーションの進展で国家主権の影響力の低下という一般的な理解を認めつつも、それに意義を見いだしていない。偶然性の地球化や経済・社会の国際化などによって民主的主権に新たな制約が課された後期近代の現実は、（民主的主権による）アイデンティティの固定化という作用とは次元が異なる問題である（Connolly 2002: 172）。

（6）伊藤武によれば、近代国家の領域はたんなる国土ではなく、境界・権威・アイデンティティを含んだ領域性として理解されるべきである。そして現在の政治状況は、国民国家がこの領域性を独占できなくなってきたのであり、領域性は別のユニットとアクターの接続様式として形成されつつある（伊藤 二〇〇七）。

（7）国民国家と普遍主義の二律背反的な関係性については、バリバール（二〇〇七：一二四）を参照。

（8）齋藤純一によれば、近代リベラリズムは、理性的な自己決定を絶対化した「自己」を固定したものとして想定している。この場合、自由であるために、人々は自らに対する主権性（排他的かつ一元的な支配）を確立し、非主権的な要素を徹底して排除することがもとめられる（齊藤 二〇〇五：五七）。自由と自己支配を同一視するリベラリズムの一般的傾向に対して、齊藤は、アレント、フーコー、コーネルらによって提起された、自己のアイデンティティからの差異の創出としての「自己への自由」を高く評価する。

（9）他方で、コノリーが公民のリベラリズムと呼ぶコミュニタリアンは、既存のアイデンティティが公民の徳の政治によって調和にいたるような生の様式、つまり共通善が何らかの共同体の様式に存在すると主張することで、差異のパラドクスを回避する。こうしたコミュニタリアニズムを、彼はリベラリズムの変種であると言う。

第一に、この理論は、それが称揚する調和のコンテクストの内部に権利と個体性の空間を提供するからであり、第二に、既成の型にはまった事柄を攪乱し揺るがす政治の役割よりも政治の法的・共同的側面を重視するからであり、第三に、それが是認するアイデンティティや共同性が、伝統的な共同体の理論には思いもよらなかったような最高度の自己意識や合理的な正統性を持つようになるのを望むからであり、そして第四に、革命的もしくは権威主義的な手段による転覆と対比される、民主的手段による斬新的な変化へのコミットメントを、その立場の当然の帰結として堅持するからである（Connolly 2002: 88）。

コノリーの問題意識は、リベラリズムとコミュニタリアニズムの双方が想定する規範の他者に対する抑圧的な性質のみならず、その規範が領域的であり変更不可能とされている点に注目している。マーガレット・カノヴァンによれば、コミュニタリアンと異なり特定の共同体の規範性を認めないリベラリズムであっても、領域的で強制力をともなった何らかの政治空間を自明視することで、「政治的共同体の存在についての暗黙の想定」に依存している（Canovan 1996: 44）。

（10）ムフがリベラル・デモクラシーの普遍主義の典型として批判する対象は、ユルゲン・ハーバーマスである。彼女によれば、ハーバーマス理論の意義は、自由主義者による個人的自由と人権の擁護か、民主主義者による人民主権の擁護か、どちらを優先するかについての伝統的な西洋思想の問題に一定の見解を示したことである。ハーバーマスは、この背反するふたつの要素を和解させるため、リベラル・デモクラシーの合理的な本質と普遍的な妥当性をもとめた。政治的な正当性は、合理的な意志形成をめぐるコミュニケーションの条件を制度化するような、人権を通じてのみ獲得される（Mouffe 2005a: 85）。こうして、ハーバーマス理論は、リベラリズムによる「政治的なるもの」の消去の典型であるのみならず、世界を多元的なものと認識することを阻んでいる（ibid.: 87）。

（11）コノリー自身、系譜学のみで、アイデンティティの経験における偶然性とズレを評価・配慮する態度としての倫理性が涵養されるとは考えていない（Connolly 2002: 184）。彼の関心は多元主義のエートスの精緻化に向かうものの、本書ではこの展開を十分にカバーすることができない。

（12）普遍性の構築と「空虚なシニフィアン」の関連性については、Torfing（1999: 173-7）、布施（二〇〇八：二三四－七）を参照。Critchley and Marchart（2004）所収の論文の多くは、この関係に着目している。

(13) イマニュエル・ウォーラーステインは、議論の射程は異なるものの、ラクラウおよびムフと同様に、普遍主義と特殊主義との「弁証法的交換」によって新たな普遍主義――「普遍的普遍主義」――が構築されると論じる。「普遍的普遍主義は、社会的現実を本質主義的に性格規定することを拒否し、普遍的なものと特殊的なものをともに歴史化し、いわゆる科学的な認識論と人文学的な認識論を単一の認識論に再統合するものである」(ウォーラーステイン 二〇〇八:一五四)。普遍的普遍主義は、近代世界システムの不平等の構造を擁護するヨーロッパ的普遍主義を解体しながら、「みずからの特殊性の普遍化と普遍性の特殊化とを同時に行うこと」をもとめる(同前:一〇四)。

(14) コノリーの表現によれば、「いまや〔規範化されたアイデンティティにおける〕必然性はいっそう特殊化され、偶然性は普遍化される。あらゆる特殊性が偶然性をつくりだし、それに直面しなければならない以上、偶然性は必然性を帯びることになる」(Connolly 2002: 33)。

第2章　主権と政治——王の首の行方について

一　主権の形式

主権とは何か。この思想史におけるひとつの根源的な課題を考察するには、現代はもっとも不適切な時代といえるかもしれない。主権をめぐる情勢は混沌としている。一方で、かつて発展途上とみなされ、国際政治の重要なアクターとして顧慮されてこなかった諸国の、国際社会に対する影響力が顕著に強まってきている。他方で、地域共同体や非政府組織などの、主権国家と外周が合致しないような政治的単位が、重要なファクターとして自明視されるようになっている。つまり、従来国家を境界づけてきた絶対的な主権的領域から、他の政治体の影響を排除することがいまや不可能であるという認識が、さまざまな軋轢を生じさせつつ、しだいに受け入れられてきているのだ。このとき、現代の政治情勢に主権の強化をみるか、それとも弱体化をみるか、主権論の方向性を見定めること自体がすでに困難な課題であることはまちがいない[1]。

ただし、本章のテーマは、主権が定置されるべき最終的な政治体の所在を探し出すことではない。あるいは、新たな主権の定義を提起するために、その本質を発見することでもない。むしろ、これらに先立って、主権とそれをとりまく政治的な諸概念——人民、国民、国家——との理論的な関係性を明らかにすることが、ここでのテーマである。問題意識をより明確にするなら、主権が政治とどのように関係し、そしてどのように関係しないかを論じたい。思想史におけるこの典型的な抽象概念が有してきた、政治に対する憑きものとしての存在論を分析することは、主権概念を維持するにせよ、放棄するにせよ、必要な作業である。このことは、主権領域の外部を意識しながら、主権が論じられる可能性を限定することになるだろう。もしかしたら、主権を口にする行為自体によって、主権をめぐる言説のなかに取り込まれてしまっているかもしれない。

蠱惑的であることを隠せない主権を対象化しながら、人民主権はどのように語られうるだろうか。これは、主権に規定された現実政治の状態を念頭に置きつつ、人民主権論の臨界に触れようとする議論であり、あわよくば、その地点から人民主権の可能性を展望する課題である。しかし、眼前の道が危険であることはすでに周知となっている。政治的なるものの政治性が時代の共通認識となってきたことで、主権者についての本質主義的な前提を想定できないことは予感されている。

以下で使用されるいくつかの言葉の意味を限定しておくことで、本書の射程を明確にしておこう。

本書では主権を、構成的権力との対比で語られる「構成された権力」の別称であり、つねに法的なものとして存在するような公的な決定の、最終的な根拠として認識する。本章と次章の目的は、こうした主権と、「法を作るための法」を実行的なものとするような法外の権力を有している（はずの）主権者との関係を理論的に論じて、人民主権原理を再構成することにある。[2] また、政治を、公的な決定をもたらすような集合的な実践とするとともに、政治過程を、決定の内実を規定しそれを公的なものとして確定する制度として理解している。また、政治過程が――ジャック・ランシエールが「ポリス」と呼ぶ制度のように――権力を組織化しながら正当な分配を形成するシステムでありながら、身体に対する感性的なものの布置に関係していると考えている。[3] つまり、法的な存在でありながら感性的な存在である「国民」を再生産する過程として。そして、現代主権論が前提として受け入れている人民主権論を、具体的な制度というよりも、主体が権力と接続する言説的な形式として論じる。

本章では、主権と呼ばれる現象やその断片について逐語的に記述するようなアプローチによって、主権を描き出すことは目標としていない。たしかにこのようなアプローチは、主権のような抽象概念を論じるうえで有効な手段のひとつである。しかし、それは主権の条件を歴史から無制限に拾ってくることにつながりかねない。その結果、主権の条件に合致しない政治現象を例外的なものとして切り捨てたり、逆にすべての条件を組み入れるあまり、そのような主権を便宜的な虚構にすぎない観念であると喝破したりすることが目的となってしまう。これに対して、むしろ主権の虚構性を中心的な分析対象として受け入れ、それでもなお主権が消え去らない現状を、現実政治との関係性のなかで考えることが企図される。いいかえれば、主権概念における規範と現象のどちらかに着目するというよりも、それらの言説的なつながりが議論の対象となる。主権の形式主義的な存在を解明することは、主権の自己言及的な循環性への着目を導くはずである。また、国家主権と人民主権をつなぐ回路の裂け目に光をあてることが、人民主権に固有の意義を浮き彫りにするだろう。

主権を時代遅れの概念に至らしめたのは、なにも世界政治の動向と、それに起因する国家観の変化のみではない[4]。周知のとおり、権力を道具的に理解し、主権国家を唯一の権力装置とみなす立場は、一般的に脆弱になりつつある。このような権力論の転換の先駆者とみなされるミシェル・フーコーの議論と、本章における主権論の方向性との関係を明確にしておきたい。フーコーによれば、権力を分析する際に、「私たちが必要とするのは、主権の問題に関連した政治哲学ではない〔……〕。王の首を切り落とす必要がある」(Foucault 1994a: 122)。彼にとって主権とは、君主と臣民をめぐる垂直的な支配関係である。ただしここでフーコーが問題とするのは、権力を垂直的な関係性においてではなく、間主体的な関係性、あるいは主体を実際に構成する関係性において理解することである(Newman 2005: 52)。そのため、フーコー理論では権力と主権は区別されなければならず、その意味で主権概念は権力論から放逐されなければならない[5]。

コレージュ・ド・フランスで一九七五年から翌年にかけて催された講義「社会は防衛されなければならない」において、フーコーはこの点に言及する。ここでは主権論の特質として三つの論点が示されるとともに、それらは権力分析として主権論が使えない理由を直接もたらすことになる(Foucault

2003：43–4）。まず、主権は主体から始まり主体へ至るような、「主体から主体へのサイクル」を必要としている（この特質については後で議論したい）。第二に、主権論が想定する権力は可能性や能力についてであり、権力がこれらと一貫して結びつくことを前提としている。そして、第三に、主権論の関心は、先行する法規範との関係において、どのように権力が構成されたかという正統性にある。フーコーの主張によれば、彼の権力論の意図は、主権論に示される主体、一貫性、および法という想定の枠内から解放されることにあった。

　フーコーによる主権に関する概念規定を念頭に置いた場合、本章の立場は、主権が意味する領野を拡張するものであるといえる。彼が批判する対象は垂直的あるいは道具的な権力観であり、この批判によって主権概念そのものが完全に破壊されたわけではない（Prokhovnik 2007：12）。彼自身もまた、主権と区別される規律権力が台頭した背景で、権利のイデオロギーとして、そして法学的規範を組織するものとして主権がいまなお残存しているとする（Foucault 2003：37–8）。フーコーによれば、そのひとつの理由は、君主主権や規律社会における障害に対抗する道具として主権が有用な点にある。そしてもうひとつの理由は、規律メカニズムが有する支配の要素と仕組みを覆い隠すために、権利のシステムは必要とされてきたということである。主権が規律と結びつく場では、われら主権者個人の権利が、国家主権を通じて機能しているとみなされてきた。つまり彼にとって、近代における統治性の台頭において、主権の問題はますます重要なものとなってきたのである（Golder and Fitzpatrick 2009：58–9）。

主権が（規律）権力論の立場から否定されるものでなければ、問題は、社会に拡散した権力概念に主権がどのように関係しているかにある。ここで不問にされている、至上なものとしての切り落とされた王の首の行方を追うことによって、再帰的な主権の存在論が考察されなければならない。

以上のささやかな導入がすでに示唆し、また同時にイェンス・バーテルソンが述べるように、少なくとも主権が、経験的な実体として理解されてきたと同時に、言説的なものとして認識されていることは明らかである（Bartelson 1995: 50）。彼によれば、主権はそれぞれの時代の言説に依存し、社会システムの変化に応じて関係的に構築された概念である。この意味において、「主権は本質をもたない」（Bartelson 1995: 48; e. g. Shinoda 2000; Werner and De Wilde 2001; Kalmo and Skinner 2010）。バーテルソン自身がのちに回顧するように、主権概念が不定形であることはもはや学的な常識となりつつある（Bartelson 2006）。もちろん本章も、この主権の失われた本質を見つけ出す作業を行なうのではない。

ここではむしろ、主権における本質の欠如が、あるいは主権の寄生的性質が、その分析の決定的な端緒となるだろう。エティエンヌ・バリバールによれば、「主権は、『民衆』と『国家』とのあいだで、デモクラシーへの準拠と国家への準拠とのあいだで、現実的にも象徴的にも共有されており、一度も単一の何かであったことはなかった」（バリバール 二〇〇七：二五六）。主権が準拠との「接続」なくして存在しえないならば、主権を論ずるとは、主権と主権者との関係性を理論化するということにほかならない。カール・シュミットの鋭敏な洞察によれば、主権の問題はつねに主権的主体の問題である（シュミット 一九七一：一二）。

私は、主権論が事実上「人民主権論」として議論されてきた点に留意している。ここでは、主体と主権の接続様式を解剖することによって、主権がどのようにして政治に憑依しているかを解明する。とりわけ、「私たちの主権」の「政治の両義性」に注目しながら、その概念的な特質を考えてみたい。次節は、主権の存在論を論じるうえで前提となる、主権の機能について分析する。そして第三節では、主権の構成にとって決定的な、主権の正統性と正当性の相違について論じる。第四節では、一転して両者のつながりに言及し、主権の動態を明らかにする。これを受けて最終節で、主権および主権者の展望について論及したい。

二　主権の機能

「主権とは何か」という問いに対する究極的な解答がないとすれば、主権の機能に注目することが、この概念を論ずる端緒となるかもしれない。現代の主権論の動向も、まさにこの機能論的な転回を示している。

主権の機能については、すでにシュミットの古典的研究を経由して共通理解が形成されて久しい。その一致した言辞にしたがえば、主権は例外状態について決断を下すことを具体的な運用としてきた

（シュミット 一九七一：一一–一二）。例外は、法権利が所属する全体から排除され、その秩序とは別に存在している。主権の機能は、法の適用範囲を決定すると同時に、通常の法が存在しない例外状態を設定する。ライア・プロコヴニックの表現を用いるならば、主権は政治の境界と条件を示すために使用される（Prokhovnik 2008: 206）。主権は、政治的決定の効力を保証し、その効力が妥当する範囲を、政治に対して先行的に、そして例外的に決定する。主権の固有の役割は、政治的境界線の内と外を区別し、その区別を本質化することである。こうして、主権は、来たるべき政治的決定がなされる条件、空間、争点、あるいは主体を準備する。[6] それは同時に、主権に依拠した政治共同体の外側にある、政治化されないものを生み出すことになる。このとき主権者は、法の内部においては、その最終的な根拠であるとともに、それへの服従をもとめられる。他方で、主権者は法の規制の外部に君臨し、時に応じてそれを停止する。ウィリアム・コノリーは、この主権の両義的な性質を「主権のパラドクス」と呼び、民主主義国家のうちに隠された亀裂の存在を指摘する（Connolly 2005: 134; e. g. Agamben 1998: 15）。

近年、シュミットの主権論を継承しつつ、それに生政治的次元を付加することで主権の根源的な暴力性を暴露しつづけるのが、ジョルジョ・アガンベンである。彼にとってもまた、主権者は法的秩序の内と外に同時に存在する。そして、主権とは、「法権利が生を参照し、法権利自体を宙吊りにすることによって生を法権利に包含する場としての、原初的な構造である」（Agamben 1998: 28）。主権は、通常の法がないところで法を維持し、自らを法の適用から外すことによって自らを適用する。このような主権的例外の生成は、法－政治秩序が妥当性をもつような空間を定義する。だが、それは同時に、殺しても殺人罪にとわれず犠牲としても奉られないような、「剥き出しの生」を生み出す（ibid.: 83; e. g. Vaguhan-Williams 2009: 112）。主権権力は、「剥き出しの生」を主体化することなく剥き出しのままに放置する機能を有するのである。主権権力によって、生はいっさいの法権利およびそれと不可分に節合する倫理性を剥ぎ取られ、例外状態へと追い込まれる。主権は、生権力や規律権力と対抗するものではなく、むしろ例外状態をつくりだすためにこうしたテクノロジーを利用する。生は潜在的な例外としてのみ法権利の領域内に所属し、その包摂と排除をめぐる決断の境界線に主権が権力として存在している。

　アガンベンの主権論のあまり知られていない特異な点は、主権者はノモス以外にありえないというノモス主権論の擁護である[7]。彼にとって主権者とは、「暴力と法権利のあいだが不分明になる点であり、暴力が法権利へ、法権利が暴力へと移行する境界線」（Agamben 1998: 32）である。このノモス主権論は、現実政治における地域統合の進展や相互依存の高まりを受けて、再編の渦中にある主権の制度的レベルでの分析と、共通言語をもつことが困難である。なぜなら、アガンベンは、主権的領域ではなく「主権権力」の作用を、そして政治ではなく「生政治」を、主権論の対象とするからである。

　この主権論の転換は、アガンベンを、例外状態と自然状態の区別の解消へと導く。「ノモスは、主権者であることで、必然的に自然状態とも例外状態ともつながっている」（Agamben 1998: 37）。アガンベンの理解によれば、自然状態は、そこに厳然として存在する自然法が如実に示すように、ノモスの外部にあるわけではなく、その潜在性を含んでいる。これに対して、例外状態は、ノモスの明白な画定の内にありながら、その秩序を解体させる基礎的な契機として含まれている。そして、表面的には外部的な自然状態は、内部の機能としての例外状態として現われる。

自然状態とは実に、都市が一時的に（一時的というのは時間的な間隙でも非時間的な瞬間でもある）、まるで解体されたかのように現われる例外状態のことである。つまり、都市の創設は、きまった時期に一度だけなされた出来事なのではなく、政治国家の成立している状態において主権的決定という形式で連続的に働いているものなのだ（Agamben 1998: 109）。

たとえば社会契約論が想定するように、自然状態は主権および政治に先行するような観念的な土台ではない。ノモスが自然状態と例外状態とを縫合することで、契約論的な意味における主権の始原も終焉も想定する必要がない。つまり主権は、その機能においてつねに存在しているのである。アガンベンにとって、主権は政治共同体の平和をもたらすのではなく、実定法が存在しないようなホッブズ的な自然状態を現実化するものとして理解される（Pavlich 2010: 29-30）。

このように、アガンベンのノモス主権論は、既存の主権論の論理からすれば、かなり異質なものである。あるいはそれを、ホッブズ的論理の転倒として表現することができるかもしれない。自然状態には主権も政治もあり――ただし主権権力であり生政治である――、この状態はつねに例外として生起する。「自然状態は、万人の万人に対する戦いであるというより、正確にいえば、誰もが他の者に対して剥き出しの生でありホモ・サケルであるという状況のことである」。そのため、アガンベンの啓発的かつ挑発的な言明によれば、「剥き出しの生だけが真に政治的である」(Agamben 1998: 106)。

強調されなければならないのは、主権の誕生――より限定的にいえば、近代国家の設立や人民主権原理の確立――は、アガンベンの関心事ではないという点である。ただし、現時点での主権論の共通認識は、自然状態と例外状態が「主権の誕生」によって区別され、両者は超越的なものと経験的なものに引き裂かれているということにある。一般的な意味で、自然状態と例外状態の対比を考えてみよう。自然状態には主権にもとづく政治体は存在せず、そこに存在するのは、それを生み出すことを約束された自然的な人間である。これに対して、例外状態の到来が示すのは主権の機能であり、それは主権の誕生以後の作用である。ふたつの状態には、主権の誕生に前後して、それぞれ別次元の主体が存在している。

例外状態がもたらされる条件は、主権を実体化するための、国民(政治主体)と国境(政治共同体)という境界線や、国民国家の有する強制力にあきらかに依存している。そのため例外状態とは、バリバールの適切な言明によれば、「『法が後退して国家が存続していく』極端な情勢であるとともに、政治的決定の、つねに前提にされている物質的条件でもある」(バリバール 二〇〇七:三一四)。こうして、なによりも主権の存在論を論じるうえで、自然と例外、あるいは普遍性と特殊性という二項対立を分析することは、避けることのできない理論的課題として現われる。

機能において主権が政治から独立しているという点で、私はアガンベンと足並みを揃える。主権の役割は、政治を可能にさせるような条件を画定することにある。そして、政治共同体（都市）は、自然状態で抱え込んだ原罪的な外部性をその核心に内包したまま、「連続的な主権的決定」によって規制されている。ただし、アガンベンは「剥き出しの生」を生み出す主権権力の機能に着目することで、二項対立に規定された「主権の誕生」の問題を回避している。これに対して、主権の存在論を考えるために、以下では主権のもつ領域性を問題にする。この課題は、政治に先行する主権の現われについて理論的に考察する必要性を示している。

三　主権の現象

本節では、主権についての正統性（Legitimacy）と正当性（Justification）の区別を明らかにすることで、主権の現われについて考える。前者は主権の存在理由の原理的な理論化を意味し、後者は主権の持続的な存在形式を意味する。この概念的区別は、法の内と外をまたぐ、主権の両義的な存在論としての「主権のパラドクス」に対応している。そしてこの区別の分析は、「私たちの主権」に関する重要な視角を提供するだろう。

主権は正統化されることを必要とする概念である。主権が至上性を標榜するかぎり、その正統化なくしては、たんなる暴力の独占およびその追認となる。この意味で、主権は自らを説明する義務から逃れることができない概念といえるだろう。いうまでもなく、近代社会契約論を端緒とし、市民革命を経て現実化された人民主権原理において、主権の正統性は基本的に人民の意志にもとめられてきた。政治権力の源泉は人民にあり、その意志に依拠しているという承認において、その至上性がみとめられている（ベンハビブ 二〇〇六：四〇）。政治権力は、君主から臣下へと下降する垂直的なイメージから、人民から発し人民に帰着するような循環的で水平的なイメージに変化した。主権は、領域的な国家とその統治システムを維持しながらも、このような政治権力のイメージのなかで、君主の身体から切り離された典型的な抽象概念となってゆくのである。ただし、人民を主権者として提起することは、政治理論に不可避的な課題をもたらすこととなる。それは、人民がいかにして自ら主権者としての立場を擁護するか、という課題である[8]。主権を人民の立場によって正統化する作業は、自らを政治主体とした政治共同体の自己肯定という困難な課題を人民に課したのである。

　人民主権が原理として正統化されるためには、人民が超越的な価値を有していることが、その理論的前提として設定されなければならない（van Duffel 2007）。いいかえれば、主権に先立って、人間の自然的な価値が正統なものとして承認されなければならない。そのため、超越的な神の意志を人間存在の最終的な法的根拠として理論化する自然法論から人民主権論が誕生してくるのは、偶然ではない。近代自然法論では、道徳的規範が政治共同体から空間的かつ時間的に先行し、人間の理性によってそれを解釈できることが擁護される。反面、政治共同体は、むしろ人間が自然権を享受し、自然法を遵守するかぎりでもたらされるような、派生的な道具である。そして、本質的に道徳的な存在としての人間が主権に先行することで、政治を道徳的に規制することが可能となる(9)。

たしかに、自然権の最終的な根拠としての神の存在は、その後の思想史の展開のなかで忘却されていった。しかし、自然権が人権と置き換えられても、そして場合によっては人権を自然化しなくとも、主権の始原にある形而上学的な神秘性は依然として保存されている（Brown 2008: 257-60）。さらにいえば、現代政治学はこの最終的な立脚点を暗黙の前提とすることによって、「人民の意志」を政治的決定の過程に反映させるための手法に、その関心を傾斜している。このような主権をとりまく現状は、主権が「政治の両義性」によって規定された政治的な概念であることを示している——もっとも、主権概念の政治的なるものの次元はかなり形骸化しており、その主要因は、以下で論じる主権の存在論上の特質そのものにあると考えられる。

人間存在が普遍的な価値を体現しているという立場に立てば、それぞれの主権国家の領土は、国力を背景として便宜的に区分されたものにすぎない。「人道的介入」が依拠する前提は、このような普遍的な人民主権論である。そしてその普遍的な基礎である人権は、主権国家が分節化する世界を貫通する。主権国家の目的は主権者がもつ普遍的な価値を保障することであり、この責任は国境線を越える（Jackson 2007: 129）。いうまでもなく、この国際関係思想における「理想主義」は、「現実主義」の立場から——大幅なねじれを双方に生じさせつつ——その非現実性を批判されてきた。ただし本章で注目したいのは、主権をめぐる理想主義の妥当性の是非ではなく、主権が起源において有していた脱領域的な特質である。

以上のポイントは、主権者となるべき人びとの存在が主権に理論的に先行しているということである。この場合、主権者である人民の普遍的かつ道徳的な性質が、彼らが主権をつくりだす際の前提であり目的となる。そこでは、主権者が共有する同一性が主権の構成要件となる。主権が正統化されるためには、主権者が共通して保持する自然的で脱領域的な価値を、構成された主権が実現するという論理が必要となる——たとえ主権の内側から外側へ事後的に投影された、特定の形象に規範化された人民主権論であったとしても。

主権の正統性原理は、デモクラシーにおける政治的決定の正統性とは異なる。デモクラシーでは、決定にいかに主権者の意志が関与するかがその正統性を示す。たとえば、セイラ・ベンハビブによれば、「民主的制度における正統性の基礎は、〔……〕公正な見地を決定が示しているかにある」(Benhabib 1996: 69)。そしてこの前提は、ある決定が「討議の適切な公的プロセス」に開かれているか否かに依存している。民主主義論、とりわけ個人の意志の反映形態に関心をもつ熟議民主主義論においては、決定を構成する過程自体に正統性がもとめられる(Manin 1987: 342)。このとき、熟議を通じて現出した意見の差異は、むしろ最終的な決定の権威を高める過程として尊重される。これに対して、すでに述べたように、人民主権論では、自然とされる主権者たちの同一性が重要な意味をもつ。この主権者は何らかの超越的な価値を共有することによって、至上なものとしての立場を維持する。この場合、デモクラシーは人民主権原理をしばしば前提として受容している(cf. Kalyvas 2005: 237–8)[10]。

ただし、人民主権と制度としてのデモクラシーとは、まったく無関係というわけではない。むしろ両者の関係性のなかに、「主権の正当性」、つまり正統な主権を擁護する持続的な形式が論じられる次元が存在する。人民主権の正当性を擁護するイデオロギー的な過程とは、主権者による同意である。そしてこの同意は、政治共同体が持続的に存在しているという経験的事実によって表象されている。主権の正当性が有する事実確認的な性質に注目した場合、主権の正統性との相違はすでに明らかであろう。主権の正統性が主権の不在を考慮に入れた議論であるのに対し、その正当性は疑いなく政治的な帰結である。主権の正当性は、同意を授ける政治主体、および彼らが居住し主権が妥当する領域を、すでに前提としている（Lindhal 2003: 94-5）。これは、合法的な政府が誕生するプロセスにおいて、最初の同意を表象する国民投票が、何らかの境界線に依拠していることで自明となる。

主権の正当性が政治の成立後にある場合、主権者として認識されるのは、普遍主義的なものとしての人民ではなく、特殊主義的なものとしての国民である。ここで、現在、一般的に国民概念を所与とする立場がほとんど妥当性を喪失してきたにもかかわらず、それが主権論と結びつくときには、理論的根拠としての有効性を保持していることが明らかとなる。主権を司る政治共同体の合法的な作用において、国民はあらかじめ区切られている。主権者が国民であるということは、現代主権論の中心的な原理である。なぜなら、そこにはすでに国家の存在が自然化されているからである。ここで国家が主権論のなかに忍び込む。大澤真幸によれば、「ネーション〔国民〕が、自ら希求する主権を実効的なものとするためには、主権をもった国家——主権国家——と結合する必要がある」（大澤 二〇〇七：九六）。国家がすでに国民の範囲を決定する国境線によって成立しているために、国民を主体とした政治的単位はどのようなものであれ、空間的に限定されている。

よりわかりやすくいえば、国民主権とは実質的には国家主権を元にしてのみ成立する、ということである。バーテルソンによれば、国民が先か国家が先かという難問は、シィエスの古典的な議論にみられる。シィエスのように「（第三身分としての）国民があらゆるものの源泉である」というテーゼを主張する場合、国民を囲う境界線の存在やそれを顕在化させる権威が説明できなくなる。シィエスの議論では、国家主権が存在する以前の人間がすでに国民として理解されており、自然法の存在は言及されるものの、主体の領域性および憲制を画定する過程のルールの所在はまったく触れられていない。これは、人民と国民の継ぎ目を不問にすることで、国民による国家主権の構成を説明しているといえよう。そのため、シィエスの論理にしたがうならば、「国家主権は国民の同一性を前提としており、国民の同一性は国家主権から導き出される」のである（バーテルソン 二〇〇六：六二一–三）。そして、これ以上国家主権と国民の関係に拘泥することは、国家の存在および政治権力に対する国民の受動性のみを表面化させることにつながる。

実際に革命をともなった主権と国民の理論化は、主権国家体制を理論的にも現実的にも受け入れるものであった。たしかに、社会契約論の台頭と定着によって主権の位置づけそのものはあいまいになったものの、主権と国家の接続はより強固なものとなったといえるかもしれない。なぜなら、主権が君主の可視的な身体から切り離されることによって、国民の同意を実現しているとみなされた国家内部での日々の政治過程の持続に、主権が現われていると解釈されることが可能になったからである。この場合、国民の同意としての主権の正当性は、国民国家の存在を観念的に固定化するとともに、国民を再生産するための準拠点となる。そのため、近代民主主義国家のなかでマスメディアが重要な理由は、たんにそれが世論の制御や統治を可能にするからだけではなく、国民的な同意をそのようなものとして表出する役を演じる点にあると考えられる。

政治権力の権限と独立性という点において主権は国家に帰属し、政治権力の構成と目的という点において主権は国民に帰属している。そして、国内政治では国民が主権者と認識されているのにもかかわらず、国際政治では国家があたかも有機体のような主権者として認識される。このような矛盾を矛盾でないように扱うために必要なことは、主権が主権者を吸収してしまうことである。主権を現実的なものとする過程で国民国家が所与とされ、本来理論的には主権を構成するはずの主権者を主権の領域内に組み入れている。松下圭一が指摘するように、国民が国家機関とみなされることで、国民主権は実質的に国家主権の一部として形骸化されてきた（松下 一九七五：八六）。そのため、いかにして国民主権を国家主権に対置し、その形骸化を国民にとってより良いものとして維持するかが、これまでの政治学および政治運動の課題となってきたのである。

国民を主権者として主権国家に迎え入れることは、政治参加の拡大をもとめる民主化運動と、国民の確定や定義づけを目指す国民運動とが重なることを意味していた。いいかえれば、国民主権を積極的に擁護することは、デモクラシーとナショナリズムの相補的な関係性をつくりだした。それは、国家権力による上からナショナリズムの押しつけに対して、民衆がつくりだす下からのナショナリズムを対置することになったのである。主権者は主権の空間的条件に、最終的には依存している。

これまで強調してきたことは、主権の正統性における脱領域的かつ前政治的な人民と、主権の正当性における領域的かつ政治的な国民との相違である[11]。法の内側と外側に同時に君臨する「主権のパラドクス」は、主権者のあり方に貫かれているということができる。ベンハビブもまた、民主主義的な主権者の正統性が、普遍的原理（人権という普遍的原理への服従）と特殊的原理（憲制の行使）の両軸に置かれていることを指摘する（Benhabib 2006: 32; ベンハビブ 二〇〇六）。彼女によれば、人民主権論が内包する原理的なズレ（人民と国民、リベラリズムとデモクラシー、脱領域性と領域性）は、コスモポリタンの政治によって乗り越えられなければならない。国際関係論における理想主義と現実主義の原理的な相違も、この対立のひとつの形態として数えることができるだろう。公的機関を含んだより広い公共圏のなかで、普遍主義的な権利の要求が提起され配置されるような「民主的反復」と、その過程を支える「討議倫理」とが、特殊性を普遍性へと導くと、彼女は期待している。

ただし、ベンハビブとともに境界線の彼方に跳躍する前に、主権のパラドキシカルな存在論に拘泥したい。私を慎重にさせているのは、民主政治こそがこの人民主権論がもつ二元論的なズレを固定化しているのではないかという疑念であり、そこから生ずる、主権の止揚に対する困難さの自覚である。おそらく、このズレはベンハビブが言及する主権の正統性の二面性というよりも、主権そのものの二面性を示していると思われる。この複雑な主権の現われを理解する鍵は、主権の正統性と正当性を接続する回路のなかに、政治の存在理由を見いだすことにある。

四　主権の循環性

これまで考察してきたポイントは、領域化された政治の存在を指標にして、主権の正統性と正当性とが理論上区別されるということである。それにもかかわらず、以下で論じるように、主権概念のもっとも顕著な特質は、この区別を無化してしまうところにある。そしてこの点にこそ、さまざまな論者が歴史を通じて主権のアポリアとして提起してきた共通認識がある。この特質は、主権が政治的な概念であるとともに、「政治の両義性」によって規定されていることを示すだろう。この主権論に固有の理論構造について、人民主権原理を中心的な分析対象として、より詳細に論じてみたい。

主権の正統性と正当性の相違は、主権が政治共同体の原理であるかぎり、その本質的なアポリアでありつづける。そして鋭敏な論者たちは、このアポリアの存在に関心を払ってきた。たとえば、ジャック・デリダは、国民国家における領域化された主権の存在に対して、人権宣言や国際刑事裁判所などの脱主権国家的な規範や組織が制限を加える点を指摘する（Derrida 2005: 86）。重要なことは、これらの普遍主義を体現する諸装置が、国家主権とは区別される別の主権であるという点である。「人権宣言は別の主権を宣言する」（ibid.: 87）。このとき人権宣言は、自由で平等な自立した普遍的な人間を主権者として想定している。デリダが提起する問題は、国民国家に依拠した主権と対置され、そしてそれに先行する、普遍主義的な主権が存在する可能性である。[12] また、アントニオ・ネグリは、人間の存在形式から主権を構築する際に生ずる、理論的な跳躍に着目する。彼は、それを構成的権力と主権（構成された権力）の根源的な対立に見いだす。[13]「主権は構成的権力の固定化として、したがって構成的権力に終止符を打つもの、構成的権力が担う自由の消尽として、現出する〔……〕」（ネグリ 一九九九：五〇）。デリダとネグリの共通点は、領域的な統治機関に独占された主権の形態とは異なるような、最高権力が別に存在するという洞察である。

このアポリアを解消し、主権を機能的に妥当性あるものとする理論構造が、フーコーの術語にしたがえば、「主権の自己言及的な循環性」（Foucault 1994b: 210）である。よりわかりやすく議論を展開しよう。人民主権論において政治権力が行使される理由は、主権者の権利を保護することにある。このような人民は、もともと政治的境界線の外部にあって普遍的な存在として認識されている。しかし、人民が行使する政治権力は国境線によって区切られている。主権がつくられたと想定することは、主権が妥当する領域を画定したことを意味している。そのため、実際に政治権力を行使することは、まさにシィエスがそうしたように、限定的な空間と主体――国家と国民――を同時に想定しなければならないのである。

人民主権論における政治の困難さは、領域的な政治によって普遍性に開かれた主権者の意志を再現しなければならない点にある。政治権力を行使することによって普遍的なものの実現を目指す主権者の意志が、その行為によって特殊的なものとして自らを制限することになっているのである。このとき人民主権原理は、実体としての国民によって構成されるとともに、その国民の権利のみを保障する。主権のつくられた目的を実現しようとする、つねに不完全な政治権力の行使がくりかえし領域的な主権を呼び起こしている。こうして、人民主権と国家主権の同一化が始まる。

主権における誕生（正統性）と持続（正当性）の矛盾は政治によって解決されるどころか、その政治が主権の循環性を支えている。チャールズ・テイラーによれば、近代政治理論における重要な一般的傾向は、人民主権の正統性が、「人民の同意」を持続的に調達できるかぎりにおいて保障されているということである。そして、人民主権システムは、その正統性を「集合的な行為者」にうったえることによってのみ、効果的に機能することができる（Taylor 2004: 190）。

またコノリーは、ポール・リクールの議論を参照しながら、ある政治的行為はそれ以前の主権的権威の同意を反映するかぎりにおいて正統化されていると指摘する（Connolly 1995: 139）。政治共同体の持続を主権への承認とその存続の根拠とみなす政治が存在しているならば、人民主権の正統性としての「人民の同意」が確保されている。[14] コノリーも認めるように、ある政治的行為がそれを完全に再現することは不可能である。なぜなら、その政治的行為を「政治的である」とみとめる同意は、つねに後づけだからである。そのため主権が登場するのは、いつもことが終わった後である。この事実は、主権が自己言及的であるとともに、政治空間にあらかじめ憑依していることを示している。循環性の内側では主権の始まり自体が問題化されず、主権をくりかえし表出する事実確認的行為としての政治は、いつまでたっても主権を取り払うことができない。

普遍主義へ至るような広義の政治過程における取り消しと呼び出しを意味するベンハビブの「民主的反復」とは異なり、主権の循環性は、むしろ前向きの目的論から脱却することで持続するような、事実確認的な言説として認識される。そのため、コミュニケーション行為が主権的領域の境界線を壊すだろうと想定するのではなく、両者は歴史的に相互依存を深めてきたし、これからも主権者は主権の外側には簡単に出られない。バーテルソンが指摘するように、たとえ国家や主権という言葉に代えて（市民）社会や統治という言葉を使用しても、個々の政治共同体の同一性から逃れられるわけではない（バーテルソン 二〇〇六：二七五）。内と外を分ける政治を基礎づけるために、主権（あるいは主権のようなもの）はたえず呼び起こされる。そして、主権は現実化させる権力を合理的で合法的なものとして装飾するとともに、その役割を果たすかぎり存在を許されている。主権は確立した答責的な制度にとっての自己満足の感覚を保障する（Connolly 2002: 217）。

以上を、デリダの言葉にしたがって要約すれば、「主権は丸い」（Derrida 2005: 13）といえる。本来的な自己を目的（終焉）とした循環なくしては、民主主義的空間への欲望あるいはその名指しを思考することは困難である（ibid.: 10–1）[15]。このときデモクラシーは、「主権的な権威という形態におけるひとつの力〔……〕であるとともに、人民〔デモス〕の権能にして自己言及性である」（ibid.: 13）。本質的に領域的である主権の循環性においては、「国民の同意」という手段が目的となり、「人民の意志」という原因が帰結となる。主権は、政治的決定によって一時的に——アガンベンによれば、一時的というのは「時間的な間隙でも非時間的な瞬間でもある」――表象され、それが持続することで、再帰的に存在するものとみなされる。この政治過程が自己言及的に持続することによって、人民主権にもとづく政治共同体が成立している。そして、自らを無条件のものと定義する主権の自己言及性は、それを解除するような出来事の特異性を中和化する。同時に、主権者は、普遍的な性質を維持したまま、歴史的にも地政学的にも特殊性をはらんだ国民であるとされる。

この主権の循環性においては、フーコーがいみじくも指摘したように、主権への服従こそが主権の目的へと変質する（Foucault 1994b: 210）。その際、主権者とは、なによりもまず、自らが集合的に下した決定に服すことのできる存在である。国民が主権者である状況に特徴的なのは、主権の循環性において、主権者が自己言及的に決定されるということである。主権者の決定に参加するのは、それ以前に決定された主権者である。人民主権原理において、主権者の生の形式を政治的に決定することが、主要な政治的課題として出現してきた。

主権それ自体が、自らの特質である循環性によって代替される。このとき主権は、まさに現代憲法学が認めるように、国家権力の正当性の究極の根拠でありつつ、制度化された憲法改正権に転化する。この場合、憲法の外部に片足を置いているはずの主権者は、実質的に憲法内部に留め置かれる。そして、主権の超越的性質が循環性によって代替されることで――それを長谷部恭男は憲法の「自働正当化」と呼ぶ――、そもそも主権など必要のないものであるという帰結主義的解釈が可能となる[16]。長谷部によれば、始原的憲法典の法学的正当化は不可能であるため、憲法は超実定的政治道徳（本章の表現では「主権の正統性」）との整合性のみでその妥当性を得る。この場合、「現に実践される憲法は、実践されることによって存立し、かつ、その存在が正当化される」（長谷部 二〇〇八：一三、長谷部 二〇〇七）。主権の循環性のなかでは、その語の正しい意味において、例外状態は例外な状態とされるのである。

主権の循環性において主権に残されたささやかな役割は、政治的決定を正当なものとして再帰的に保障することである。主権が必要とされるのは、領域的で限定的なものにすぎない政治的決定が、その妥当性の承認を必要としているからである。そのため、政治が何らかの空間的な領域を前提とするかぎり、主権の存在理由は存続するといえよう。

もちろん、テイラーが指摘するように、「人民的」という観念は、論争的な意義を完全に失っているわけではない（Taylor 2004: 192）。主権の正統性は、主権の循環性のなかに消尽したわけではない。たとえば、政治の目的が何らかの前政治的な価値――人民の意志、人権、公共の福祉、共通善――の実現に最終的には依拠しているため、政治はその普遍的な前提へ遡及する「非政治的」な政治的実践を完全に拒絶することはできない。このような政治を規定する公的な規範は、あきらかに日々の政治によって内実を決定されているにもかかわらず、政治の形式を規定している。主権的領域を横断するかにみえる規範でも、その内側から事後的に投影された対象かもしれない。場合によっては、政治が自らの起源の神話を便宜的に利用する際に、主権の正統性は、「政治的」にそして「例外的」に参照される。

それでは、いかにして政治は循環する主権から逃れられるのか。この問いにはふたつの回答が考えられる。第一に、政治の目的を、政治に先行する超越的で、自然的で、理性的な正義の実現として措定することを諦めるという方法である。いいかえれば、主権の存在理由を解体し、すべての法権利を政治化することである。この方向性は、これまで私たちが親しんできた立憲主義的な政治原理との完全な決別を意味する。そして、人民、国民、国家などの「主権者」を飾ってきた事柄の虚構を暴露するとともに、それらが有する至高性を剥奪する。この方法は、主権が現実的であると同時に理性的であるという論理をただちに断ち切ることを目的とする。その結果、剥き出しの権力関係や極端な功利主義が政治を支配するという可能性に、道を開くかもしれない。この場合、デモクラシーという理念および制度にとって、かなり深刻な状況となることが予想される。現時点では、主権の放逐というつつましい目的のためにこれほどの対価を喜んで支払うという考えが、好評を博すのは難しいだろう。

第二の回答は、主権の循環性を誕生させた暴力的な契機に意識的に触れながら、それを脱空間的なものとして理解することである。デリダが論じる人民主権の自己言及性は、主権の空間化への断念に端を発している。ジョン・カプートによればデリダの主権認識の根幹に関係する「自律」とは、開始と終結がそれ自体にあるような、完全な円環である。これこそ主権に依拠したデモクラシーがもとめるものである。すべてが人民に始まり人民に終わる。人民の人民による人民のための政治、それはより完全で、強力で、高貴な円環である神の下にある。デモクラシーは自らへの完全な回帰を形づくっている（Caputo 2003: 11）。

デリダの描く人民主権は、人民から人民へと整合的に回帰する政治である。それは、政治の目的、過程、手段、主体、あるいは帰結がいかなる疎外も抑圧も排除も生み出さないままに円滑に循環する、究極のデモクラシーを意味する。この第二の方向性は、人民主権とデモクラシーを完全に同一化することで、主権が政治に先行するという論理を解消することである。それは、人民を国民（集合的な行為者）へと置き換えてゆくような、主権が自己言及的に循環する空間を内破する。このとき、主権における無条件性は他者への歓待を準備するという意味で生かされるとともに、法に力を与え例外状態を設定する機能が無力化される（Newman 2008: 10）。つまり、対象を選ばない主権の無条件性を原理的につきつめれば、特定の領域と主体によって担われている自己言及性とどこかの時点で矛盾することになると考えられる（Mansfield 2008）。

しかしそれは、主権とともに、政治にも死を宣告するものである。なぜなら、政治は、境界線を前提とし境界線を決定するという自らの機能が示すように、空間的な条件から逃れることができないからである。そのため、本質的に空間を前提としないような人民主権とデモクラシーの同一化、あるいは「主権なき主権」は、制度化することが不可能であり、来たるべき再帰的な参照点としてのみ可能である[17]。

つまり、ふたつの回答が示すように、循環する主権を政治から切り離しながら、主権のみを完全に解体することは現時点では困難である。だが、このような現状は、主権に対する政治の非力さを物語るというよりも、政治を維持していかなければならないための積極的な根拠となる。王の首は、一度切ったら終わりではない。主権の超越的な起源を手つかずに維持したまま、自己言及的な循環性が存在する場合、それは何度でも参照されるはずである。そのたびに必要なことは、主権を持ち出すことによって何が政治から外部化されているか、観察することである。そして、こうした断片的な主権に政治を対置することによって、何度でも王の首を切らなければならない。さらにいえば、主権をくりかえし政治的に解体することによって、循環的な政治共同体が主権に呼びかけて自らを本質化することが抑止される。政治の主権からの解放——人民主権とデモクラシーの同一化——という不可能な目的のために、この闘争的な政治的実践という迂遠な方法以外に、選択肢は残っているのだろうか。

五　主権の未来

主権の循環性が示す主権と政治の言説的な関係は、二種類の解釈が可能である。第一に、同意の蓄積というべき主権の連続的な結晶化に、事実確認的な政治の作用を見いだすことである。この場合には、政治的決定がなされるそれぞれの空間に、主権が一時的に存在する。その意味では、主権は政治的な産物である。主権は、自らの妥当性のために持続的な政治の作用を必要としている。この循環的な政治過程において、主権者は、決定する主体であるとともに決定される主体であるという自己言及性を特質とする。ただし、この循環は完全な自律性を有しているわけではない。政治的決定を構成する条件はいかなる瞬間においても既存の主権が提供している。そのため、第二に、主権は政治に先行している。政治およびその機能としての境界線の決定は既存の主権に規制されており、つねに派生的である。そのため、政治は主権を凌駕し廃絶することができず、主権者は主権の内側においてのみ存在可能となる。

ライア・プロクホフニクは「主権の神秘」という表現を用いて、主権が政治的でありながら非政治的であるという両義性を指摘している（Prokhovnik 2007: 150）。彼女によれば主権は、規範、習慣、あるいはアイデンティティなどとのつながりにおいて、政治の境界と条件を与えるとともに、ある特定の社会における政治そのものを定義する。つまり主権は、政治的なるものと非政治的なるものとの境界それ自体を非政治的なるものとして形成しながら、最高規範として機能する。この点において、主権は政治を事前に規定している。しかし他方では、そうした主権のあり方が日常の政治によってもたらされ、「生きている」概念として認識の脆弱なメカニズムのもとにあるという点で、それは政治的である（Prokhovnik 2007: 152）。プロクホフニクの意図は、「主権の神秘」への着目により、主権が政治的な概念であることを示すことである。主権が一方的に政治に憑りついていたわけではない。政治もまた主権概念の内部に侵食し、それを政治的に解体する機会をうかがっていたのである。

このような主権の神秘的な存在論は、つぎのようにいいかえることもできる。主権の機能はつねに前政治的であるが、主権者が結びついた主権の存在は政治的である。そしてこの場合、領域化された主権者によって自己言及的に表象される事実確認的な過程が、主権の存在論の根幹にある。

主権がその存在を政治に依存しているのならば、問われるべきは政治の内実である。主権を持続的に「民主化」するために必要なのは、政治的なるものの次元における本質主義的で前政治的な主権を、語の正しい意味での政治的なるものへと置き換えてゆくような、政治の現われである。主権の存在が政治に依存しているという点は、主権の強みであるとともに、それが解体される端緒でもある。「政治の両義性」に規定されたものとして主権概念を考えることは、その行為自体が人民主権を原理として維持してゆくとともに、主権と政治を（完全な同一化は無理だとしても）和解へと導くはずである。この可能性については、次章以降でさらに考察したい。

ただし、今日の主権をとりまく喫緊の理論的問題は、主権者をめぐる観念が分裂してきたということにある。これは、決定的には、政治共同体を維持する国民的同意が存立する基盤を掘り崩す。主権の正当性が弱まるということは、主権と政治が接続する場のもつ規範的な拘束力が脆弱化し、主権の循環性が危機に陥ることを意味する。その結果、国民と人民の理論的な同一性が解体し、主権者と主権が引き裂かれ、主権者の保護という主権の究極的な目的が拡散してしまう。そして、人民＝国民という準拠を喪失した主権は、正当化されない国家権力や暴力になりさがるかもしれない。いま危機が叫ばれなければならないのは、主権ではなく、主権者である。

他方で、この主権者なき主権の状態は、主権が多元化する契機でもある。主権は国民国家のみに独占されるのではなく、他の政治体と結びつくことが可能となる。[18] つまり、主権と国家の代替可能な接続が揺らいでいる。あるいは、主権そのものではなく、主権の平等が危機に瀕しているといいかえることができよう（Chandler 2003: 27）。ジョン・ホフマンが指摘するように、国家と主権の関係を相互規定的と理解するのでは不十分であり、その歴史的な特殊性に注目する必要がある（Hoffman 1998: 18）。主権者という観念が退行するなかで、主権権力をいかに管理するかが根源的な政治問題として姿を現わしてきた。

たしかに、主権国家という枠組みの妥当性の喪失が、ただちに主権および国家の言説的な効力の喪失をもたらすわけではない。むしろ、喫緊の課題は、国民国家が有する法的権威の至高性から分化した実質的な主権権力が自由に動き回ることのできる次元に、人民主権のあり方を模索することである。主権の輪郭が溶解してゆくなかで、それでも根強く残存する例外化の作用に対して抵抗を形成することは、より困難な状況に置かれている。そのような状況下においても、私たちは本質のない主権を追いもとめる運命にある。なぜなら、いったんそれを断念してしまったら、主権はすぐに本来の前政治的な存在に転化してしまうからである。そして、主権を私たちの政治に置き換えてゆくことのみが、主権から解放されるための残された手段である。

註　記

（1）主権の性質として、歴史的に変化してきた調整規則と不変的であった構成規則を論及するものとして

Sørensen（1999）参照。

（2）アンドレアス・カリヴァスによれば、主権者とは憲制、法的‐政治的アイデンティティ、そして共同体の統治機構をすべて決定する者のことである（Kalyvas 2005: 226）。

（3）ランシエールにおける政治とポリスの「不和」については、松葉（二〇一〇：一二九‐五七）を参照。

（4）主権と政治の関係を論じることによって、本章は主権のいわゆる内的性質に関心を集中させざるをえないが、意識的にそれを外的性質と架橋する研究が近年発表されつつある。一例として、Brace *et al.* (1997)、Krasner（2001）を参照。

（5）アンドリュー・ニールによれば、一元的で法学的な主権観に対して、フーコーは主権を近代国民国家の活動に現われるものとして提起した（Neal 2004: 396）。ただし、ニールがくりかえし指摘するように、フーコーの「王の首を切る」という刺激的なテーゼの意図は、一元的な主権を破壊することではなく、主権観を転換することにあった（ibid.: 381, 391-4）。フーコー理論における主権と権力の関係については、箱田（二〇〇八）を参照。

（6）カレナ・ショーによれば、主権が「前政治的な領域」（Shaw 2008: 203）で生産され、それに知と主体性が結びついているために、政治は主権に限定されている（ibid.: 8, 37）。

（7）日本の戦後憲法学の草創期には、ノモスと国民が主権者の地位を争った尾高・宮沢論争で、後者が学説史的な通説とされた。主権の帰属主体の抽象性に着目し、国民主権とノモス主権がそれほど異なるものでない点を指摘する研究として、時本（二〇〇八）を参照。尾高が主権の行使を問題としたのに対し、宮沢は主権の帰属を問題としたのであり、時本義昭の表現をかりれば、両者の相違は「政治観の問題」にすぎないものだった（同前：一四）。これに対して、本章の方向性は、主権者（国民）という抽象的な帰属主体の「政治的構成」をむしろ重要視し、この点に主権論の政治的側面を論じることにある。

(8) ジーグフリード・ファン・ダッフルによれば、近代主権論の特質は、個人が主権者であるということ(君主主権を含む)のみならず、主権が恣意的なものと理解されるようになったことである。自然権の個人主義的かつ主意主義的転換によって、「人民が(恣意的な)主権者となったのである」(van Duffel 2004: 162)。

(9) 人民主権の思想史的展開については、Hansen *et al.* (2005: 5–11) を参照。

(10) ロバート・ジャクソンは、主権を論じる際に、「デモクラシー」と「人民(的)」(popular) という言葉を区別するよう提起する (Jackson 2007: 88)。

(11) 杉原泰雄によれば、人民と国民の法学的区別は、人民が主権を構成する社会契約に参加する人びとの総体であるのに対し、国民が国籍を有する人びとの総体を示すことにある。人民が具体的な政治的行為者であるのに対し、国民は観念的で抽象的存在であるため、国家機関を司る国民代表を媒介して、はじめて国民意志をもつことができる (杉原 一九七一：三六〇)。こうして、国民主権が国家主権と不可分に結びつく。これに対して、人民主権では人民意志と国家意志の二元論が維持されている (高橋 一九八三：七四)。

(12) デイヴィッド・ヘルドは国際司法裁判所に「国際主権のリベラル・レジーム」の端緒を見いだす (Held 2003: 187)。

(13) 構成的権力と構成された権力の理論的相違に着目した論集として、Walker (2003) を参照。

(14) 主権の自己言及的な持続を可能にしているのは、国民による政治共同体の受容である。ユルゲン・ハーバーマスが論じた現代国家の正統性は、まさにこの人民主権の循環的性質と合致する。彼によれば、「国民の同意」は、主権の持続を可能なものとする正統性である。そのため、人民主権に規定された政治共同体においては、同意のない権力の行使はシステムの危機をもたらす (Habermas 1976: 46)。政治共同体は、「忠誠」としての絶え間ない同意を必要としているのである。

(15) デリダによれば、主権の自己言及性は、主権が何らかの準拠との接続を要求するかぎり、主権論の一般的特質として指摘できる。「国家、国民国家、君主、そしてデモクラシーにおいては人民の、いかなる主権にも先立つものがある。〔……〕権力と支配の公認の至上性としての正統な主権の原理を、自己言及性が名指している」(Derrida 2005: 12)。デリダは、主権が有する神学的な側面についてしばしば言及している。たとえば、Borradori (2003: 113)、Caputo (2003) を参照。本章の原案となった論文「主権と政治――あるいは王の首の行方」(『思想』第一〇三一号、二〇一〇年三月) で、八〇頁下段のデリダ (Derrida 2005) の引用として抜粋した文章は、ジョン・カプートがデリダの主権認識を論じた文章である (Caputo 2003)。関係各位にお詫び申し上げるとともに、本書の該当箇所で訂正させていただいた。

(16) 法学における主権不要論については、松井 (一九九五：一七－八) を参照。立憲国家の内部に主権者が存在しないという理論的立場を丹念に論じたものとして、渡辺 (一九九六) を参照。

(17) デリダにおける「主権なき主権」については、De Ville (2010) を参照。決定不可能なものとしての主権という性質については、次章でふたたびデリダの議論に言及しながら考察したい。

(18) 主権権力と主権国家のズレという視点から現代主権論を論じたものとして、Edkins *et al.* (2004) および Hansen *et al.* (2005) を参照。実体化した主権ではなく、概念としての主権が危機に瀕しているという議論のうち、ネグリはもっとも体系的なものを提供していると評価できるだろう (Negri 2010: 205)。彼によれば、主権概念の危機は三つの様相を示している。第一に、主権的行為が法の策定から規範やシステムの生産へと生政治的な変容を迎えるとともに、規律というよりも、管理を中心的な役割とする。第二に、主権権力が、国家的規範の外側にある法的構造の機能として考えられるようになる。そして第三に、国際法の観点から主権概念はますます影響力を弱められつつある。

第3章　主権者の存在論とその意味——あるいは主権者の不在論とその無意味

一　主権から主権者へ

冷戦終結後に再発見されたテーマのひとつに、主権論を挙げることができる。いうまでもなく、この傾向には、主権が絶えず問題化されているという世界政治の現状が色濃く反映されている。

一九八〇年代以降に顕在化するグローバリゼーションの進展は、国境線を基礎づけていた主権に対する認識を先鋭化させ、ときとして主権国家の枠組みの強化を主張する政治勢力の台頭をうながしてきた。他方で、地域統合や地方自治の気運の高まりを背景として、政治共同体に対する認識が複層化し、どのレベルに最終的な決定権が存在しているのかが重要な問題となってきた。現代日本社会においては、東アジア共同体構想がにわかに注目を集め、「地域主権」や「消費者主権」などという新しい言葉が政治用語に加わった。

このような多元化した主権観は、たしかに必ずしも厳密に学問的な主権概念に依拠したものではないものの、一元的で絶対的な主権観が徐々に相対化されている傾向を語っているともいえよう。要約的に述べれば、主権が危機に瀕しているとされる状況下において、主権が脚光を浴びようとしている。本章は、このような主権論への注目と反比例するかのように、公的な議論から忘れ去られようとしている主権者概念を考えることで、主権はもとより、私たちの政治の可能性を詳らかにしたい。

前章で着手された主権者についての共通認識を、まず確認しておこう。これまで順に確認してきたことは、主権の正統性は人民の存在にあるものの、国民主権の実践に実効的に代替され、それは事実上国家主権に接続されているという展開であった。人民主権は、人民が国民として自己言及的に表象される事実確認的な過程として、さしあたり理解された。そして、こうした主権から私たちの政治が解放されるための道筋のみがやや概略的に示された。本章では、はたしてそれが「私たち主権者」にとって、どのような意味で実現可能であるのかについて議論することになるだろう。普遍的であるとともに特殊的である主権者を分析することで、人民主権についての認識を深めたい。

本章の課題は、主権の概念的理解を直接的な目的とした現代主権論において、「主権者」という概念を論じる手法が失われている点を確認したうえで、その理由を主権者の存在論上の特質に見つけ出すことにある。[1] ここでなすべきことは、主権や主権者についての新たな定義をもたらすことではないし、政治主体一般の特徴を分析することでもない。むしろ、現代政治理論で論じられてきた主権者の存在論を言説的に再構成することで、主権者の概念的特質を論及することである。この目的は、主権者の不在という事態について、理論的な説明を与えてくれることになる。私の関心は、主権者の存在（主権者とは誰か）ではなく、主権者の存在論（主権者とは何か）にある。「主権者」が現実の権力関係にその意味を委ねており、政治過程を通じて変更可能であり、それには終焉がないという、この概念が有する政治性に注目したい。そしてこのような主権者概念の政治性が、主権者の不在と関係していると考えている。

ますます複雑さを増してゆくと予想される政治共同体のなかで、主権者をどのように想定することが可能なのか。この課題は、人民主権論をこれまでと同様に政治原理として維持してゆくのであれば、避けて通ることのできないものである。私たちの政治を維持してゆくためには、まず「私たち」の置かれた形式的な状況を分析するとともに、その限界と可能性について理解しなければならないだろう。

以下、次節では、主要な現代主権論の考察を行ない、それらが政治権力を構成する主体としての主権者論が不在である点を、共通の特質としていることについて論及する。第三節は、主権者をめぐって、普遍主義的な人民と特殊主義的な国民のズレが主権論のなかで生じており、この二面性が主権者を論じる際の主要な争点となっていることを確認する。そして、第四節では、典型的な政治的な概念のひとつである「主権者」がはらむ権力との関係性が考察される。このような議論の展開によって、私たち主権者と政治のつながりについて明らかにしたい。

二　現代主権論のふたつの傾向

一九九〇年代より主権の再考を冠した論文集の出版が英語圏で目立ってきている。これらの論集では、国家、ヨーロッパ、ナショナル・アイデンティティ、暴力、国際法、市民権、あるいは移民などのテーマとの関連で、主権の概念的な特質が議論されている。この意味において、主権は広義の政治社会の変容のなかに読み込まれる存在となってきた。ここでは、政治学分野に限定して主権論の展開を整理するとともに、主権者論の不在を指摘することで、問題の所在を明らかにしたい。

新たな主権論の展開をおおまかに区分するなら、ふたつの方向性が指摘できる。第一に、主権が定式化されたとみなされる公的組織――基本的には主権国家――の変容に注目した、いわば制度論的レベルでの分析である。この分析の対象は、たとえば、ＥＵやＮＡＴＯなどの既存の主権国家の枠組みを超える地域共同体および国際機関の台頭や、唯一の超大国と冠されるアメリカ合衆国の軍事力をともなう対外的なプレゼンスが与える、ある主権国家の制度改革への影響などである。

この分析が、主権論の再生をもたらした主要な駆動因であり、先行研究は枚挙に暇がない。そのうちのひとつとして、デイヴィッド・ヘルドは、デモクラシーと人権を共通の規範とする国際的な政治の場の増加を前にして、個々の主権国家はもはや無制限の権力を行使することはできないと指摘する

(Held 2002: 17)。もちろん、彼は主権国家体制そのものが破壊されたと診断しているわけではない。国家主権が相対化される現状を前にして、ヘルドはコスモポリタン的主権の可能性に展望を示す。その主権は、コスモポリタン的な法によってつくられた公的な権威のネットワーク化された領域を形成する。もはや主権は固定的な国境線を前提とせず、また国家は複層化したレジームのひとつの単位となる(ibid.: 32-3)。サスキア・サッセンの表現を用いれば、グローバリゼーションの展開は、「主権の一元的な時空間概念とその国民国家のなかでの排他的な制度的配置」が「歴史的に特殊である」ことを明らかにした(サッセン 一九九九:一二)。もはや主権を国家の排他的な所有物として想定することはできず、主権が他の公的組織と結びつく可能性が考えられるようになってきた。

第二に、法の外部にありつつ法の内部を規制するという、ウィリアム・コノリーの言葉にしたがえば、「主権のパラドクス」(Connolly 2004)を自覚したうえで、主権権力の行使を言説的に論じる機能論的レベルの分析がある。この分析の多くは、カール・シュミットやジョルジョ・アガンベンらの主権論を前提とし、例外状態を設定するものとして主権を認識している。そして、主体化のメカニズムと形容されるような、権利を定義し実現する行為と、その裏面に固着した権利を限定し否定する行為を、主権の機能として理解する。この主権論の方向性は、現代思想や社会思想史などの分野から派生し、近年では政治理論分野に顕著に影響を与えはじめている。主要な先行研究の一例としては、ジェニー・エドキンスらが編集した『主権的生』(Edkins *et al.* 2004)を指摘することができる。同書では、制度としての主権国家から機能としての主権権力への主権論のテーマ変更が企図された(ibid.: 3)。

これら政治理論における主権論のふたつの議論の方向性は、主権の対外的性質と対内的性質という古典的な区別におおよそ対応している。近代史において、ある主権国家の政治的な決定は、国力の相違にかかわらず、他の国家のそれと等しく最終的なものとみなされてきた。制度論的レベルでの分析は、このような対外的主権の平等性に依拠した主権国家体制の原理が、現在どのように維持され、あるいは変更されているかを考察するものである。これに対して、主権の機能論的レベルの分析は、特定の政治共同体の内部で、あらゆる政治過程に先立つ至高なものとして承認された主権が、具体的にどのように作用しているのかを分析するものである。ふたつのアプローチは、たしかに主権を理解する次元において異なっているものの、冷戦終結以降の国際政治上の展開が主権国家の既存の枠組みを掘り崩すものであるとみなす点では一致している。そのため、今日公的組織や単位を論じることは、主権の分析を明確な目的として表明するか否かにかかわらず、主権を再考察するという課題と直結することになったといえよう。

両者のアプローチの相違について、より厳密に考えてみたい。最大の相違は、主権そのものの認識にある。主権の制度論では、しばしば主権が国家の権利あるいは資格として一元的に存在すると仮定したうえで、その枠組みの変化に関心が集中している。この場合、もはや主権は政治権力がしたがうべき唯一の本質主義的な規範ではない。既存の解釈に対抗して、現在の主権の制度論は、主権概念を国家や特定の公的組織の根源的な権威についての、可変的な表現あるいはイメージであるとみなす（Walker 2003: 4; Sofaer *et al.* 2001: 45）(2)。さらに、ニール・ウォーカーは、グローバリゼーションが進展したポスト・ウェストファリア段階において、主権はもはや不可侵のメタ言語ではなくなったという（ibid.: 10）。主権国家の世界政治における位置づけの変化は、必然的に国家主権が意味するものの変更をもたらすのである。主権の制度論は、政治共同体の流動化と複層化のなかに、主権のあり方の変化を論じている。

これに対し、主権の機能論では、主権は動的な権力として存在し、それが現実政治のさまざまな状況に登場する個別の事例に着目している。その背景には権力論の理論的な転換がある。主権の機能論が立脚するのは、何かに所有されるような道具ではなく、主体を生産する作用としての権力観である。それは、制度論が維持する垂直的で中心的な権力観を批判し、主権権力の分散した現われに注目することになる。この場合、主体はある特定の社会的あるいは象徴的な秩序との関係において構築される。そして、エドキンスらによれば、近代におけるそのような秩序のひとつとして、主権が機能している。主権は、対立を隠蔽したり、特定の主体を意味づけたり、暴力の意味をまったく違ったものにする（Edkins *et al.* 1999: 6–7）。つまり、主権は、内部において主体が維持するべき法的な形態を継続的に定義すると同時に、法が適応されない外部との境界線を引く機能を果たすことになる。このような主権論は、主体をめぐる生と死、あるいは味方と敵を分かつ境界を分析することで、多元化した主権の論理を明らかにしようとしている。

以上を要約すると、主権の制度論的レベルおよび機能論的レベルの分析は、公的組織の変容と主権権力の作用に注目することで、主権を変更不可能な国家の規範と想定してきた既存の主権観を批判し、その動的で可変的な性質をそれぞれ相補的に明らかにしてきたということができるだろう。

ただし、それらが固有の障害を抱えている点は、あわせて指摘されなければならない。たとえば、制度論は主権を規範のレベルにとどめることによって、現在世界を覆っているポピュリズムによる主権への意志を、実効的に説明することに失敗している。主権という観念、あるいは主権者というアイデンティティには、政治運動と結びつくような、価値創造的またはイデオロギー的な効果があることは、近代以降の政治史が明らかにするところである。この意味で、主権は具体的な権力作用との関係性を無視しては存在できないということができる。

他方で、機能論は主権権力のあり方に光をあて、その作用に注意を喚起してきた。ただし、その主権権力もまた、あるひとつの境界線によって区切られた政治共同体に生起するものであり、当該の制度としての民主主義の様式に規定されているものである点は、指摘されなければならない。つまり、主権の機能論は、現実の領域的な民主主義との回路をあえて不問に付したまま、政治的な責任の問題ではなく、道義的な責任の問題として主権論を処理する傾向にある。この点について、本章は、主権論を政治理論の課題に引き戻すという役割を果たすことになる。つまり、主権権力を担う主体としての「主権者」を論じていない点を、ふたつのアプローチは共通の特徴としている[3]。

たしかに、前述した主権論の機能論的レベルでの研究において、主体の身体はしばしば論じられるテーマである。たとえば、トマス・ハンセンとフィン・ステップタットが編集した『主権的身体』(Hansen *et al.* 2005) は、領域性や国家権力に対する外的な承認から、人間の身体や人口に対する暴力の行使へと、主権権力に関する議論の論点が変化したことを主張する。しかし、このような研究では、主権権力が人間に与える形式と効果に議論が集中しており、逆に「主権者」が有する主権の構成的役割が看過されている。もちろん、現代主権論が精力的に暴露してきた主権権力のもつ暴力性は無視しえない意義をもっているものの、この分析の方向性は、その担い手に着目することを否定するものではない。

かつて主権を論じることは、主権者を論じることであった。それは、初期近代の政治思想史が、一元的で至高の政治権力を正当化するために、それを担う人間のあり方に対して思索の多くを費やした点に反映されている。また、日本の思想史においてもっとも主権論が活発に論議された終戦直後では、焦眉の課題は主権者をどのように認識するかにあった(4)。戦後政治学においても、僥倖として突然付与された「国民主権」をいかにして既存の社会に嵌め込むかが、大きな問題関心となった。

一例をあげれば、丸山眞男は一九五八年に発表された論文「『である』ことと『する』こと」のなかで、「権利の上にねむる者」という言葉を用いて、主権者となった国民に不断の権利の行使をもとめた(丸山 一九六一：一五五)。丸山の観点からすれば、主権者は国民であり、彼ら非職業政治家による政治活動こそ、その実質をなしているのである。この能動的な国民運動としての主権者論は、論文「憲法第九条をめぐる若干の考察」では、戦争の惨禍を防ぐという主権者の自己決定に反映され、平和主義の主張と接続される(丸山 一九八二：三九－四一)。このささやかな参照においても明らかなように、かつての主権者論への高い関心に比べれば、現代主権論における主権者の不在は際立っている。

現代主権論は、主権の行使が主体にもたらす効果に関心を寄せるものの、構成されるものとしての主権という側面は看過してきた。次節以降では、その理由が主権者概念を分析することで明らかにされる。これまで展開してきた主権論の多くが語るように、主権そのものが消滅する状況がすぐに誕生するとは考えられない。何らかの政治的な単位を前提とするかぎり、その最終的な決定権の問題はつきまとうからである。だからこそ、主権者は問題として存在しつづけることになる。

三　人民と国民

主権者を主権論において論じる重要性がないという共通認識があるにもかかわらず、現実政治において、主権者という立場とアイデンティティが、いまなお大きな影響力と拘束力を有していることも事実である。したがって、この主権者の魔術的な現われについて、より綿密な分析が必要である。主権者はどのように理論化できるだろうか。主権者をめぐる人民と国民の理論的な相違に光をあてることで、概念としての主権者を考えたい。本節と次節の目的は、前章で議論された主権の自己言及的な性質を、主権者概念の分析という角度から再考察することにある。

主権者を考察するうえでもっとも基礎的な区別は、主権者を「主権を生み出した者」とするか、あるいは「主権を持っている者」とするかである。どちらの意味で主権者を論じるかによって、主権者概念の内実が変化してくる。

「主権を生み出した者」という意味で主権者を認識する場合、主権者は個別の主権領域に先行し、その空間的な限定あるいは権力に対して論理的な優越性を有するという意味で、普遍的な存在である。主権者は普遍的に妥当する諸価値を自然において有しており、それを保全することが主権を生み出す目的となる。以下では、主権および主権と結びついた政治過程に理論的に先行し、そのかぎりにおいて主権に規定されない人間存在を人民と呼びたい。現代の主権国家の多くは、人民の意志に自らの主権の起源をもとめている。この場合、自然状態で認められた人間の普遍的な諸価値は人民が主権をつくりだす最終的な根拠であり、主権にもとづく政治はこの目的によって規制されている[5]。

他方で、主権者を「主権を持っている者」として認識した場合、主権者は主権を宿した公的組織の成立以後に存在している。すでに主権の存在が前提とされ、それが妥当する範囲によって主権者が画定されているからである。別の言い方をすれば、政治過程が主権者に先行している。この場合、主権者たる民衆は、政治的境界線の内側において存在するような国民として理解される。主権者を主権を持つ者と理解したときには、主権者は脱領域的で普遍的な人民ではなく、すでに領域化された特殊的な国民として認識されるのである。主権者としての国民が政治権力の作用としての持続的な決定の対象とされるとき、この決定は同時に、国民とされない存在を生み出すことを意味する。

要約すれば、人民と国民は、主権の誕生とその領域性を基準として区別されるような、主権者の存在論上の性質として理解できる。たしかに、この主権者の存在論における二面性は、主権が至高でありながら独立した特定の領域であるという「主権の自律性」を説明している（Devenney 2002: 182）。主権者を政治過程に関して両義的な存在として想定することで、主権領域が有する超越的な至高性とその経験的な妥当性を同時に肯定することができる[6]。ただし、主権者をめぐる二面性がどのような理論的な関係性を有しているのかという点は、主権者概念の特質を描き出すうえで、より厳密に考察されなければならないだろう。以下では、この二面性を現代政治理論の展開のなかに見いだし、その特徴を分析する。議論を先取りすれば、現代政治理論は、主権者が国民（あるいは領域的な主体）としてしか事実上存在できないと声をそろえている。さらに、第一章で検討したように、本質主義的な普遍性は退行しつつあり、この意味で人民をアプリオリな主権者として受け入れる余地は、政治理論には残されていない。

人民主権の思想史が伝統的に論じてきたことは、主権を構成し、その手続き上の正当化と存在論上の正統化を同時に達成できるような自律的な主権者の生成である。このテーマが示すのは、近代国家論が有するふたつの普遍化の方向性――主権者の平準化と国家の脱人格化――である（Nelson 2006: 15）。普遍的で平等な民衆を主権者として論じることが、階層的な君主主権からの政治共同体の脱人格化をもたらした。民衆の自己支配によって成立する政治共同体は、主権を陶冶するような身体化されたシンボルを必要としない。しかし、ブライアン・ネルソンも認めるように、新たな主権者の生成は、国家の枠組みに厳密に制限されている。

国家の正統化イデオロギーにおいて、国家主権は支配者主権に取って代わる。そして、人民主権の近代的原理の発展においても、そうである。この発展において、「人民の主権」[7]はそれ自体が抽象的で非人格的であり、国家を通じてのみ鮮明となる（Nelson 2006: 15）。

彼が指摘するのは、主権者は人民と国民という本質的な空間的相違を胚胎しつつも国民国家によって理念化されうるという、人民主権論の特質である。

主権者概念を規定する人民と国民の性質上の相違にさらに注目したい。この点について、バーナード・ヤックは興味深い視点を提供している。彼によれば、国民は「時を超える」ような歴史的傾向を有するのに対し、人民は「空間を超える」ような脱領域的傾向をはらむ（Yack 2001: 520–1）。ここで人民が無化するのは、国民に特有の歴史、言語、あるいはアイデンティティなどのあらゆる特殊なものである。人民とは、自らが立脚する場を否定することによって成立するような、抽象的な主体である。ただし、ヤックもまた他方で、人民が領域的な国家によってもたらされる共同体であるという点を認めている。

人民は、国家に先んじて存在するとともに、すでに構成された国家の境界線によって定められたものとして想像されている。あるいは、これを前‐政治的であるとともに、後‐政治的な共同体であるともいえるだろう（Yack 2001: 523）。

ヤックの確信によれば、人民主権論が、共同体への政治的忠誠の国民化（普遍的な人民の空間化）と国民的忠誠の政治化（特殊的な国民の政治主体化）を、同時にもたらす導入となっている。別の表現を用いるならば、国家の内側で、人民と国民は互いを否定するような性質を含みながら、主権者の条件や役割を共同で規定している。

人民と国民は、主権者を構成するうえで、少なくとも理論的には両者の傾向を相互依存的に補強しあっているとみなすことができよう。この点を強く自覚したうえで、アントニオ・ネグリとマイケル・ハートの鋭敏な観察は、主権者概念と国民国家の不可分な関係性に注目する。一方で、国民は、人民を自らの前提とすることで主権の担い手であることを主張できる。「国民的な特殊性には潜勢的な普遍性が宿されている」（Hardt and Negri 2000: 105）。国民は人民がもつ普遍的で超越的な次元を獲得することで、主権者としての地位を確保することができるのである。他方で、国民は、多種多様で特異性と関係性からなる集合体であるマルチチュードから、内的な同一性と均一性をもった統合体としての人民を構成しなければならない（ibid.: 102）。普遍主義的な人民を、マルチチュードに対して突きつけることで、特異な価値が支配的な価値に対抗する可能性を解体する。

この場合、人民はあきらかに国民国家の権力作用によって意味が与えられる。[8] ネグリとハートの啓発的な表現にしたがえば、国民および国民国家は、主権を「物象化」する。「それらは、主権の関係を（しばしばそれを自然化することによって）モノへと変えるのであり、またそのようにして、社会的敵対性のあらゆる残滓を取り除くのである」（Hardt and Negri 2000: 95）。こうして主権者、あるいは主権者としての「人民」は、普遍的な人民と特殊的な国民の継続的な接続の産物であり、人民主権論は国民国家によって自らの前提として組み込まれる。主権者概念は、普遍的主体をめぐる対抗関係の帰結であるとともに、対内的な同質化と対外的な排他性を同時に有する、主権国家の存在論的前提である。

　現代政治理論に共通する主張は、政治過程に限定されない要素を含むはずの主権者が、実際には政治的境界線の内側で成立しているという、主権者の存在論上の二面性が有する本質的な限界である。主権者が意味する内容は、国家権力によって充当されている。もちろんこのような主権者の立場は、主権国家体制における現実政治の歴史と現状において鮮明に反映されてきた。また、『〈帝国〉』の著者たちは、〈他者〉や外部との弁証法的関係において規定された、国民と結託した主権者としての「人民」の抑圧的な構成を、近代的主権の作用とみなす（Hardt and Negri 2000: 195）。もっとも、彼らの診断によれば、近代的主権の範囲を画定可能としてきた外部はすでに存在せず、それに代わって、〈帝国〉的主権が内部化した他者を管理システムのなかで編成している。そこでは、「諸々の人民という固定的かつ生物学的な概念は、流動的で無定形のマルチチュードへと解体してゆく」（ibid.）。

　ただし、それほど容易に主権者としての「人民」の解体が生じるかについては疑問が残る。主権の存在理由を、それが膨張するフロンティアとしての外部のみに依存するのではなく、その再生産を可能とする対内的な政治的境界線の持続に見いだすことが、以下の議論の前提となる（cf. Vaughan-Williams 2009: 83–91）。政治が何らかの単位によって境界づけられているかぎり、それぞれの領域は主権に取りつかれる可能性にさらされている。政治における公的な権威の必要性が放棄される見通しはまったく立っておらず、そのかぎりで領域的な主権者は存続すると予想されるからである——この予想には、主権者概念における主権の濃厚な介在への意識が反映されている。本書では、人民とマルチチュードを二者択一的な存在とせず、法的な主権的領域性に規定されることを拒絶しつづけるような、われら主権者の実体の構成的外部としてマルチチュードを理解する。

主権から主体が自由になれないという認識を本書と部分的に共有するのが、エルネスト・ラクラウである。ただし彼は、主権者としての人民を、かつてそれが有していた能動的で肯定的な方向性で再定義しようとする。彼の考える人民は、政治を規定するような究極的な普遍性を破綻させる「社会的ヘテロ性」を前提とした、多元化した政治的要求の節合によって出現する。社会の分断と敵対が強まり、ヘテロ性が亢進する歴史的条件は、「グローバル化した資本主義」の展開によってもたらされている（Laclau 2005a: 228–30）。

政治的な敵対性を特質とする「政治的なるもの」が溢れる状況下で政治運動が興隆する際には、「敵対者」に対する「人民」をつねに審問せざるをえない。そのため、いかなる政治運動も、多かれ少なかれ、ポピュリズムであることから逃れることができない。ポピュリズムは、所与としての人民のアイデンティティを表明するのではなく、運動とイデオロギーを通じて新しい普遍性としての「人民」自体を構築する（Laclau 2005b: 48）。この意味で、ポピュリズムの終わりは政治の終わりである。ポピュリズムとの意識的な接触が示すように、ラクラウが論じる政治は人民主権論を前提として展開されている。

主権は、最終的に、それが権力の全体的な集中に関係した極端な状況下では、全体主義的でもありうる。しかし、もし決定する権力よりも〔政治的要求を〕節合する権力に主権が関係するならば、それはまた大いに民主主義的でもありうる（Laclau 2007: 20–1）。

彼の観点からすると、「主権」および「主権者」に意味と内容を与えるのはたしかに現実政治であるものの、それらがなくては（民主主義的な）政治が理論的に成立しない。

ラクラウの人民概念は、あきらかにネグリとハートのそれとは異なる。後者が同質性を特徴とした規範化された主体であるのに対し、前者はヘテロ性に依拠した価値構成的な主体である。ラクラウの人民は国民の亜種などではなく、国民国家の境界線や法的な規定に制限されるものではない。その意味では、ラクラウも認めるように、彼の人民概念は、むしろマルチチュードに表面的には似ている（Laclau 2005a: 239）。しかし、ラクラウは彼らに対して、マルチチュードの統合を単純化している点、〈帝国〉に対抗することの重要さを減じている点、そして〈帝国〉からマルチチュードへの権力の転換に説得力ある見解を示していない点に、不満を表明している。つまり、そこには「革命的切断」を何が構成するかという視点が欠けている（ibid.: 243）[9]。これに対して、ラクラウの理論的な意図は、人民概念を新たな普遍性をまとった革命主体として再構成することにある[10]。それは、法的なカテゴリーに閉じ込められた主権者を、その境遇から抜け出すために、国民国家に回収されないような新しい普遍主義と再接続させることを意味する。

ネグリとハートおよびラクラウの人民概念をめぐる分裂が象徴的に示すのは、主権者が権力を構成する側でもあり、構成される側でもあるという立場である(11)。ただ、どちらであったとしても、それは公的決定の産物である事実から逃れられるわけではない。なぜなら、主権者を画定する政治単位は依然として有効だからである。これは同時に、少なくとも国境線を主権の外周としている現状においては、主権者が国民であることから完全に逃れられないことを示している。主権者を領域的な存在としてしか想定できないこと。この現代政治理論がたどりついた主権者論の終着点がもつ意味については、次節でさらに考察したい。

四　主権者の限界

これまで議論してきた人民主権論は、物理的な意味における権力論というよりも、むしろ主体が権力と接続する形式についてのパースペクティブである。そして、前節で論じたように、ラクラウは、人民概念がもつ古典的な主体的・解放的性質を、デモクラシーの名において政治と再接続させようとしている。無視しえない問題は、それが主権者という意味での人民概念を根源的に再考察する余地があるか、ということである。いいかえれば、ラクラウの価値構成的な人民は、ネグリとハートの価値否定的な人民からどのような意味において自立的でいられるか。本節では、このような疑問を念頭に置きながら、主権者概念がはらむ政治とのつながりを詳細に考察する。それは、主権論のなかで主権者を論じることのできない理由を明らかにするはずである。

主権者を内から拘束する国民としての制限に注目するならば、主権者概念はふたつの意味で政治的な現実性の流入を許しているといえる。

第一に、主権者概念が成立するために、彼らの保有する主権を基礎づける政治単位（国民国家、あるいはそれに相当するような一元的な政治共同体）を理論的に前提としなければならないという点である。別の言い方をすれば、「主権者である存在」を確定するためには、その確定を正当化するような、領域的に妥当する主権（のようなもの）が先行して存在しなければならない。そのため、主権者は普遍主義的な傾向を有するとしても、自己を主権者として確定する時点で特殊主義的な立場に引き戻される。主権者がなしうるのはせいぜい主権が自らと同時に誕生したと主張するだけにとどまり、公的組織の領域性に自らが規定されている事実を覆すことはできない。つまり「主権者」は、けっして国民主権では正当化できないような、主権を充当する政治の存在を前提とし、それを内包して成立した概念である。別の観点からすれば、主権者概念だけでは、あらゆる政治単位と結合しうる主権そのものの誕生を説明することはできないといえよう。私たちをあらかじめ囲い、主権者の資格を授けるような法の設定、あるいは本源的な政治と呼ばれるべき過程が存在するのである。

この主権者をめぐる決定不可能性を考えるために、デリダによるアメリカ独立宣言の署名の哲学的な分析を参照したい。周知のとおり、独立宣言はおもにトマス・ジェファソンの手によって執筆された。ただ、ジェファソンがいかに偉大であったとしても、彼が唯一で至高な立法者であったわけではない。独立宣言の文言が示すように、この宣言の主語はアメリカ各州の代表者たちである。だが、このような代表者たちもまた、「善良な民衆の名と権威」においてその権限が与えられていた。そのため、連邦に居住する民衆こそが、権利において署名者である（Derrida 2002: 49）。しかし、すでに述べたように、代表の論理を追いかけることで最終的な書き手を確定する過程は、ここで終了するわけではない。そのような独立して統合された民衆の存在は、独立宣言以前には不明だからである。その結果、独立宣言への署名を、存在するものを言及した事実確認的な発言であるのか、それとも言及することで何かを行なう行為遂行的な発言であるのかを決定することができない（De Ville 2010: 59）[12]。デリダが強調するのは、独立宣言以前には権利としての署名者は存在しなかったのであり、この意味において「署名が署名者を生む」ということである。「〔独立宣言を基礎づけるような〕民衆は存在しない。彼らは実体としては存在しない。実体はこの宣言以前にはそのようなものとしては存在しないのである」（Derrida 2002: 49）。

デリダの理解を主権論に適用するならば、「主権が主権者を生む」といえる。主権者が実体として存在するためには、主権者をあらかじめ区切り、自らの主権を宣言する資格を与えるような外的な権力の契機が必要となる。たとえ人民が国家の境界線に先行していたとしても、その資格を授けるような規範がもとめられ、この意味において人民は主権から自由になれない。たんなる人びとの集合体と公共性を共有した「デモス」とを区別するならば、「デモス」を構成する規範を正統化するような私たちの主権が、遡及的に前提とされなければならない。こうした主権の誕生における決定不可能性が示すのは、主権者としての人民を完全に実体化することができないということである。[13] ただし、次節で論じるように、こうした主権者なき主権の存在様式は、主権そのものが成立する根拠を掘り崩すことにもつながっている。

第二に、主権者の内容が、伝統や権威などの政治の外部にある客観的な基準によってではなく、主権と結びついた政治過程によって決定されるという意味で、主権者概念は政治的である。ロバート・ジャクソンは、人民主権を一九世紀以降に支配的な主権の歴史的形態のひとつであると理解している。彼が強調するのは、人民主権論において、主権者としての人民は具体的な実体ではなく、ある抽象物であるという点である（Jackson 2007: 79）。そして、人民概念および人民主権論は、法的制度や政治的な領域性にその意味を依存している（ibid.: 92-3）。ふたたびコノリーの言葉をかりれば、

主権者とは、例外が存在すると決め、しかもいかにしてそれを決定するかを決める何かであるが、この何かとは、公的な決定機関の地位についての主権を貫いており、またその下方で循環している多元的な諸力によって構成されている（Connolly 2005: 145）。

「何か」を定義することは困難である。コノリーの意図は、主権者を超越的な次元に位置するような聖なる存在ではなく、日常生活にまみれた俗なる存在として認識することである。公的なルールにしたがった合法的な過程であれ、非道徳的で暴力的な行為の帰結であれ、それらを内包した広義の政治の蓄積によって主権者の意味が決定されている。主権者は政治の暫定的な結果として存在している。その最終的な定義というものは、もちろん存在しないだろう[14]。

以上をまとめれば、主権権力の担い手と受け手をひとつの主体に接続した時点で、領域的な主権の介在が示すように、概念としての主権者が権力関係の産物であることが認められるとともに、その意味する内容が公的決定に依存することになったといえる。前節で示した現代政治理論の共通認識（国民化する人民）は、主権者概念の特質を反映している。

このような本質的に政治的な主権者概念を受け入れた政治共同体において、誰が主権者であるかをあらかじめ名指しすることは困難である。それは人民概念の歴史的な混同に、もっとも明確に現われている。たとえばマーガレット・カノヴァンによれば、「主権者としての人民」はあきらかに対立するふたつの意味――政治的成員の全体と人口の一部分――を伝統的にはらんでいる（Canovan 2005: 65）[15]。人民主権論において主権者は人民の全体であるにもかかわらず、現実政治では実質的な権力の担い手がエリート層に限定されてきた[16]。つまり、現実政治において決定の過程に参加する人びとと、理論的な「主権者」とが相違する可能性を否定することはできない（Lindahl 2003: 98）。そして、主権者概念が主権の存在論に対してのみ関係するかぎり、究極的にいえば、主権者を具体的な実体に対応させて考える必要性はない。

しかし、だからこそ、人民と国民のズレのなかで、主権者をどのように具体的に定義するかが重要な「政治的」な問題となるのである。このあいまいさは、実際の政治の活動において、主権者の権威をどのようなものとして理解するかという問題に影を落としている（Canovan 2004: 250）。「私たち主権者」という神話を政治の原理として受け入れることは、ある政治共同体の範囲と妥当性を確定するとともに、主権者の権威をめぐる終わりのない問いかけを、その政治共同体に植えつけたのである。

では、そのような問いかけを行なっているのは誰か。主権者である。主権者を決定するのは主権者である。こうして、人民主権論において、主権者は際限のない自己確証の過程に置かれることとなる。主権者を定義するのは主権と結びついた政治過程の役割である。法外の権力作用によって領域的に区切られた主権が主権者を（あるいは国家が国民を）先行的に規定しており、その主権が持続するかぎり主権者は副次的に定義される。

たとえば、日本国憲法前文では「日本国民」によって憲法の成立が語られるものの、そこにはすでに「日本」の存在は所与とされている。主権者として憲法を語りはじめた時点で、主権者が属する政治共同体が決定されてしまうのである。(17) さらに、主権者という想定が法的な人格としての国民ですむのであれば、それは政治過程によって変更可能であり、わざわざ主権者が主権権力を構成している点を積極的に提起する必要はない。こうして、人民主権論の導入は、逆説的に主権者を独立項として論じる意義を失わせたのである。前節で論じたラクラウの試みは、受動的な人格に貶められてしまった主権者を、能動的なものとして回復させる試みであるといえよう。

主権者概念に内在した領域的な権力作用とその持続によって内実が決定されているという意味で、主権者が主権から逃れられないとすると、現代主権論における主権者の不在は、ある種の必然性をともなうものであったと評価できる。現代主権論の考察する対象は主権の変容である。つまり、主権の制度論であれ機能論であれ、主権の存在を所与としており、何らかの政治共同体と主権との結びつきを前提として受け入れている。この場合、主権そのものには誕生と終焉は存在せず、それが依拠する対象や作用が変化するにとどまる。そして、主権者はこのような主権と結びついた政治過程によって定義されたものとしてのみ存在する。主権者の不在が示すのは、人民主権論が原理として受け入れられている状態である。そのため、現代主権論が土台とする人民主権論は、たんに人民が権力を持っているという観念ではない。それは、主権者としての「人民」が持続的に決定される自己言及的な政治の形式である。くりかえすが、この政治の形式は政治的境界線を前提として成立しており、それは国家主権と置き換えられる可能性にさらされている。

五　主権者から主権へ

前章の展開を敷衍しながら、人民主権に関するこれまでの議論をまとめておきたい。本章のテーマは、現代主権論における主権者の不在にみちびかれ、主権者概念を分析することであった。私が目を向けたのは、主権者の存在論であり、その本質的な政治性である。人民主権論において、主権者概念が人民と国民とに分裂しているというよりも、それらはともに政治的に構成された主体の対立的な性質として認識できる。この二面性に関して、政治理論は、主権者が実質的に国民としてしか存在できないことを主張してきた。その理由として、主権者概念がそれを決定する政治的審級の存在を含んでおり、その内容が政治によって規定されている点が指摘された。この意味で、人民主権論の固有の限界は、主権と主権者、あるいは国家と国民が同時に誕生したと想定する以外に、これらの結びつきにおける時間的および空間的な制限を説明できない事実にあるといえよう。

主権者概念が政治性によって規定されていることが追認されているからこそ、主権論から主権者を切り出して論じる必要はない。構成されるものとしての主権者は、つねに政治権力に対して脆弱な存在である（e. g. Werner and De Wilde 2001: 27）。概念としての主権者は、政治過程によって逐次決定される主体であり、領域的な主権を肯定するような象徴的な役割を果たしている。同時に、決定を下す主体もまた主権者であり、その意味を自らの手で充足する機能を有している。

それでは、もはや主権者はまったく役に立たないのであろうか。以下では、循環する主権の起源を問題化することで、実体化を本質的に拒絶するような人民主権の別の可能性に光をあてたい。この探究は、人民主権概念の不完全さを明るみに出すのみならず、こうした自己破壊的な営為が人民主権の重要な一部であることを示すはずである。

もし、現状の政治過程と主権の接続が不安定になった場合やそれを断ち切りたい場合には、主権者という項によって、ある政治的な決断を説明することは可能である。つまり、主権者が果たしてきた入力と出力における主権権力の同一性を保障する役割を、自らの権利と責任の名のもとに再考することはつねに許されている。そのようなケースはいくつか想定することができる。たとえば、既存の法的・政治的な枠組みに対して、主権者の意志という理由によって挑戦するという状況は、すでに顕著になりつつある。ただし、主権者論の可能性として提起されるべきは、このようなポピュリスト的な解決ではない。

別の可能性を指摘すれば、主権者という概念を生かすことによって、これまで所与されてきた主権の脱構築に寄与するのではないだろうか。私たち主権者のもとに主権をくりかえし引き戻すことで、権力の一方的な受け手として規定されたり、放置されたりする事態に対抗することはできる。それは、主権が宿る政治共同体というこれまで変わらず維持されてきた政治認識に、大きな揺さぶりを与える。さらには、既存の主権と政治の接続形態について、主権者の意志の実現という目的によって、改変を突きつけることもできるはずである。

人民主権は、主権と結びついた政治権力による一方的な主権者の実体化を拒絶する。なぜなら、主権者としての人民は、構成された主体であるとともに構成的であり、領域的な主権の起源に立ち返ろうとするからである。そこには私たちの存在以外にいかなる条件もなかったはずだ。主権者を政治的なるものの不安定な象徴化の過程——欠如した主体——として考えることの意義は、自らをも脱構築しながら、例外化をもたらすような主権に対抗する政治的な構想に寄与する点にある。この場合、人民主権を、主権者を実体に還元するような主権の作用に対して、主権の外側に片足を置いて現在の政治的現実の無根拠さをくりかえし提起し、主権を脱構築する原理とみなすことができる。人民主権では、自己言及的な主権の作用は、その背後に固着した空虚な私たちへの自己言及的な、ただし逆ベクトルの再帰性によって、完成を妨害されている。

現代の主権論は、人民主権論の勝利を前提としたうえで、主権の要素を政治共同体の編成や権力の効果に事実確認的に見いだしている。すでに確認したように、こうした主権論の展開は、主権を一方的に国家の本質的な規範とするこれまでの解釈を批判しつつ、複層化する政治空間の原理として生きながらえるビジョンを示していた。このような現代主権論の一般的な傾向に対して、政治過程の内と外にまたがるパラドキシカルな存在として主権者を考えることは、主権論のさらなる発展に大きく寄与するはずである。一方で、主権の制度論に対しては、主権者論が主権のありかを示すことで、主権が特定の空間や機関によって独占される傾向に対する批判を準備させる。たとえ国家であろうとなかろうと、主権を擁した組織を人民主権に基礎づける必要性に揺らぎはない。また、現代主権論が提起するような政治共同体の複層化という背景に、主権者をめぐる政治的な闘争が含まれている点は、重ねて言及されなければならないだろう。

そして他方では、主権の機能論に対して、主権者論が主権権力の根源をたえず明らかにすることで、権力行使の形態を公開することをもとめるとともに、主権者に政治的な責任を突きつけることを可能にする。主権権力への監視と批判が重要なのは、それが私たちの政治を逸脱しているからではなく、むしろその政治に規定されているからである。いうまでもなく、主権権力の現状を批判し抵抗する権限を主権者は有している。主権の自己言及的な循環において、私たち主権者はたんに主権への従属がもとめられるだけではなく、主体的な参加が認められている。主権者概念が政治的であることの意味は、たんにそれが権力の一方的な受け手になることではなく、権力を構成してゆく可能性に開かれていることを含んでいる。もちろん、実際の政治過程は「主権者の意志」と無関係に存在している。だからこそ、主権と結びついた制度と機能を、主権者の権利と責任において構成してゆく必要があるだろう。そのためには、主権者概念をめぐるシニフィアンとシニフィエの裂け目に見られる、熾烈なヘゲモニー闘争に注意を向けなければならない。

　この主権と人民主権の奇妙な対立関係は、本質的に法的なものとしての主権と、こうした規定を拒絶し政治的なものでありつづけようとする構成的権力との対比として、読み替えることが可能である。構成的権力（憲法制定権力）を主権と同義的な、あるいは規範内在的な能力の問題として読み解こうとする有力な潮流が存在している。たとえば、シュミットにおいて主権は法の外側に君臨し、その効力は憲法制定権力と同化している。そして主権者に注目するならば、国家の外部にいる人間の集合体が、すでに具体的な統一性によって規定されており、人民と国民は事実上同一化している[18]。主権者の位置づけが政治以前の審級とされることで、主権国家内部におけるその構成はたんなる技術的な事柄となる。シュミットの立場は、主権の誕生という問題を同質性の挿入によって棚上げすることで、人民主権を原理化することの意味そのものを解体している。この立場にとって、主権の外側はそもそも存在せず、構成的権力の物象化は問題として生じない。こうした議論に抵抗しながら人民主権を原理化しようとする立場にとって、現状の主権があくまで「仕切られた存在」である点を真摯に理解することが、議論の出発点となるだろう。まさに主権が法の構成をその外側から問題にするように、構成的権力は主権的領域の構成をその外側から問題にするのである。

前章と本章をつうじて、「政治の両義性」に規定された本質的な論争性に留意しながら、「主権」および「主権者」の概念分析をすすめてきた。主権と主権者の意味が、他の政治的な概念と同様に、政治的なるものと現実政治のズレによって規定されているのはいうまでもない。特筆すべきは、そのズレの矛盾的な性質である。主権と主権者は、普遍主義的でありながら特殊主義的であり、脱領域的でありながら領域的な概念である。前章ではこうした「主権のパラドクス」に、主権の政治に対する両義的な関係性を加えてきた。個別の主権は自らの外側から正統な根拠を与えられたものではなく、あくまで自己言及的で領域的であるという限界によって区切られていた。

そして、本章は主権者の存在論の政治性に注目することで、主権者が何らかの客観的な基準では位置づけられないような脆弱なものにすぎないことを暴露してしまった。しかし、私たち主権者がその資格をもたらす規範との関係において不完全だからこそ、私たちの名に帰属した主権を批判し再構成してゆくことが可能である。主権概念が有する政治的なるものの次元を回復することでそれを脱構築する課題は、主権の内側で実体化が完遂しない私たち主権者だから成しえるのである。

主権者概念を「政治の両義性」において維持してゆくことは、自らを主体化しようとする主権権力が届かない場所——政治的なるものの次元——へと、それがつぎつぎ移動しつづけることを意味する[19]。そして人民主権は、主権者を持続的に規定する自己言及的な政治の形式であるとともに、その規定を少しずつずらしながら解体しようとする反復的な実践である。政治的な概念としての人民主権は、主権者が自らの実体から逃走する言説的な形態を内包することで成立している。人民主権は、主権者に手つかずの起源のような本来の自己があり、その再現を目指すような権力の行使に抵抗しながら、それでも私たちの権力の行使への参加をもとめる。

ここに、人民主権と法的な主権（およびそれが寄生した他の存在様式）との相違を見いだすことができるだろう。政治との関係において、主権はあくまで事実確認的であるのに対し、人民主権は行為遂行的である。主権は政治によって存在として現実化されるのに対して、人民主権は政治行為そのものによって実践され、自らのあるべき姿をこうした政治的な現実から批判的に再考しつづける。事実確認的な主権的領域性に正統なはじまりがなく、不完全でありつづけることが、主権の行為遂行的なものへの転換にとっての希望の灯火である。

主権者としての人民は主権権力による完全な実体化を拒み、政治的なるものの次元に人民主権の諸制度の構成的外部としてとどまることをもとめる。このような主権者は、主権を生み出し、自らの実体化の始原にある「私たちは主権者である」と宣言する言語行為が、事実確認的でも行為遂行的でもないという暗い事実を謙虚に受け入れている。そして、この宣言以前には歴史がなかったかのようにふるまう傲慢な主権に対して、反逆の機会をうかがっているのである。主権権力に抵抗することの放棄は、主権者であることの放棄を意味しているといえよう。

註記

(1) 主権とその保持者との理論的関係が主権論において無視されてきた点を指摘し、その関係を通史的に議論する研究として、Weinert (2007) を参照。

(2) イェンス・バーテルソンは、概念史的な観点から主権に本質がないと主張する (Bartelson 1995: 48)。ジェイムズ・マーティンは、近年の主権論の展開が、主権を最終的な説得力をもたせるためのレトリックのような装置であることを明らかにしたと指摘する (Martin 2002: 58)。

(3) 制度論を代表するヘルドのコスモポリタン主権論が、主権者を十分に論じていない点については、Lupel (2009) を参照。

(4) 戦後憲法学の草創期に活況を呈した宮沢俊義の国民主権論と尾高朝雄のノモス主権論の論争に言及した先行研究は、枚挙に暇もない。近年の政治学分野でこれを論じたものとして、関谷 (二〇〇六) を参照。一般的にノモス主権論は時代遅れの理論とみなされてきたが、アガンベンの議論は意識的にこの立場に依拠している。法学分野での主権論を再考したものとして、岡田 (二〇〇七) を参照。

(5) 人民主権が正統化されるために、人民が超越論的な価値を有していることが、理論的前提に設定されなければならない点を論じた研究として、van Duffel (2007) を参照。加藤哲郎による先駆的な研究によれば、政治的概念としての「人民」は主体的・解放的な意味を含んでいる (含んでいた) (加藤 二〇〇一: 一三七–九)。そして人民の概念史の特質として、人民の国民概念への無批判的な移行を指摘する（同前：一六七－九）。

（6）現代の主権論の多くは、主権の特質として、政治過程を正統化するという機能においてそれに理論的に先行するとともに、その存在において政治過程によって規定されている矛盾を認識している。ライア・プロクホフニクは、主権が政治的であるとともに非政治的であるという「主権の神秘」に着目する（Prokhovnik 2007: 151-9; e. g. Walker 2003）。カレナ・ショーによれば、主権が「前政治的な領域」で生産され、それに知と主体性が結びついているために、政治は主権に限定されている（Shaw 2008: 8, 37, 203）。しかし、先住民族の政治的存在論は、この主権による政治の支配を打ち破る契機をはらんでいる。興味深いことに、ボニー・ホニッグは、政治の始原に「外国的なもの」が存在すると主張する（Honig 2001）。鵜飼哲の指摘によれば、「ある場所、ある家の『主』は、彼自身が、その場所、その家の、最初の『客』である」（鵜飼 二〇〇八：一四）。

（7）また、人民主権論の典型を示したルソーの社会契約論では、コノリーの的確な指摘によれば、「主権者、つまり領域的な人民になるためには、強固に統合された国民になる必要がある」（Connolly 2004: 25）。

（8）藤本一勇は、神聖不可侵の自然権にもとづく人民主権が、国家主権の相補物であり、事実上国家権力を正当化している点を鋭く指摘している（藤本 二〇〇九：三九－四二）。

（9）シャンタル・ムフは、〈帝国〉のラディカルな反主権的な立場は、近代的主権を放棄したいと望む点で、ハーバーマス主義者が奉じるコスモポリタン的主権とそれほど大差がないと指摘する。彼女にとって、〈人民〉主権を放棄し世界を平滑な普遍性で埋めてしまうことは、政治的なるものの節合からなる民主主義的政治の可能性を奪ってしまう（Mouffe 2005a: 107-15）。

（10）コノリーによるネグリとハートに対する批判は、ラクラウの見解と近い。「ハートとネグリのもっとも重要な貢献は、主権的政治の上にもうひとつの層を図式化し、グローバル政治研究に関する、これまで別々だった伝統のあいだの対話を可能にしたことである。彼らのもっとも深刻な欠点は、そうした対話をずっと先まで追求することをせず、マルチチュードによる変容という空虚な政治を超えて、戦略的な応答を構成することに失敗した点にある」（Connolly 2005: 159）。ただしコノリーの応答は、主体の構築ではなく、主体の絶え間ない脱構築をもたらすものである。

（11）エティエンヌ・バリバールは、人民が主権者とされた段階で、人間と市民の二重性をはらみながらも、市民権が中心的な議論となったと述べる。この場合、市民は、法に対して能動的でありつつ、法に服従するという受動的な臣民としての性質を受け継いでいる（バリバール 一九九六：五四−七）。

（12）ボニー・ホニッグは、このデリダによる独立宣言の解釈を、事実確認性を行為遂行性の不純物とし、独立宣言を政治の始まりとして高く評価するハンナ・アレントの解釈と対比している（Honig 1991）。

（13）ハーバーマスは、生活世界に根差したコミュニケーション行為によって、法（人権）と政治（人民主権）の相互背反を解消しようと企図する。このとき人民主権は、民主的手続きとそれを実施する高度なコミュニケーション的諸前提に取り込まれる（ハーバーマス 二〇〇三：一六八）。しかしながらこの解決策は、規範的な次元をコミュニケーションに転嫁し、その資源を提供する生活世界を事実上の国民共同体として措定することによって、はじめて実現可能となるのではないだろうか。実際、彼自身も、手続き化された人民主権に「合致」した政治文化の再発見を必要と認めるとともに、コミュニケーション的前提のような、「弱い超越論的傾向の意味での理想化が不可避である」（同前：二〇九。強調は引用者）と述べている。主権の誕生に関するアポリアは、討議理論の挿入によって別の規範的次元に先送りされるにとどまっている。

（14）コノリーがもとめるのは主権についての多元的な理解である。彼の主権は両義性と不確実性の緊張をはらんだ概念であり、多元的な諸要素を包摂している。この意味で、確固とした主権的領域性の想定を解体するような契機を内に含んでいる（Connolly 2004: 23）。現在必要なのは、主権のパラドクスを隠さず受け入れて、内と外を分ける領域性の本質化を阻止することである。彼の主権論の展開と評価については別著で議論したいと考えている。

（15）アガンベンは「人民」が社会的分裂における下層民（people）と、共同体全体を示す民衆（People）というふたつの意味をもっていた点を指摘する（Aganben 1998: 176-8）。人民という言葉が、政治的な包摂と排除という根源的な区別をまたいで使用されてきた。アガンベンによれば、現代はこのような区別を埋め、排除された者という意味での人民を消滅させ、統一された人民を生産することを目的としてきた。これに対して、ラクラウは、分裂は消滅したわけではなく、部分的な人民が全体を体現するような弁証法的な関係性の存在を指摘する（Laclau 2007: 20）。

（16）カノヴァンは、この対立にポピュリズムが発生する前提を見いだしている。彼女によれば、ポピュリズムは、政治的に排除されてきた具体的な人びとを、観念としての主権者全体の権威の名のもとに、動員する運動である（Canovan 2005: 90）。

（17）そのため、明治憲法との継承関係が問題となり、その過程で主権者の転換をどのように説明するかが理論的な課題として浮上することになったといえよう。日本国憲法の誕生時における主権者についての理論的考察については、鵜飼（二〇一二）を参照。

（18）ムフが編集した『カール・シュミットの挑戦』（Mouffe 1999）所収論文の多くは、シュミットによる国民および国家と政治とのご都合主義的な接続に、彼の理論の論理的な欠陥を見いだしている。

（19）主権の完成を原初的に妨害するような、主権の始点に集合した私たちの存在を、民主主義的な偶然性として解釈し、終わることのない政治の条件に組み込む議論として、Näsström（2007）を参照。この議論は、主権者になるべき存在を歴史的な偶然性にもとめ、それを政治の非政治的な前提として措定することで、特定の政治共同体内部における主権の瑕疵なき循環性を実現しようとする、リベラリズムや熟議民主主義論との対比を企図している。

第４章　ポピュリズムの両義性

一　ポピュリズムと私たち

「亡霊が世界を徘徊している。ポピュリズムという亡霊が」。このすばらしく啓発的な文章から始まる分厚い研究書が出版されたのは、ポピュリズムという用語が政治的論議において定着したかにみえる昨今ではなく、一九六九年のことであった（Ionescu *et al.* 1969: 1）。一九六〇年代に世界が直面したアフリカ諸国の独立運動にあって、カリスマ的指導者のもとに集う人民の運動形態がこのポピュリズムという観念を想起させたのである。このときアメリカの人民党やロシアのナロードニキなど一九世紀以来のポピュリズムの経験が、冷戦体制として固着した戦後世界を縫うようにして台頭した第三世界の内在的論理に、いわば接続された。あいまいな外形を有しながら、突如としてその姿を現わすというポピュリズムの傾向を亡霊と形容するのは、たしかに機知に富んでいる。ただし、このポピュリズム研究は、古典的著作としての価値はいうまでもなく、ポピュリズムを亡霊と喩える、その卓抜な修辞により、ポピュリズム論において比類なき視座を提供したといえる。

今日、このポピュリズムの亡霊がふたたび姿を現わしている。しかも今回の遭遇は、全世界的規模での経験である。本章では、ポピュリズムを理論的に考察することで、ポピュリズムと人民主権論との不安定なつながりを明確化したい。たしかに、多くの論者が指摘するように、ポピュリズムは人民主権をその構成上の神話として依拠しているし（Taggart 2004: 278; Stanley 2008: 101）、「私たちの政治」を取り戻すことを標榜して登場してきた。そのため、両者の関係性を明らかにする必要性から、本書が逃れることはできそうにない。

本章の課題は、前章までに議論の中心にせりだしてきた、「主権は自己言及的に回帰する」というテーゼに対する抵抗の形式を批判的に考察することである。ここでは、これまで私たちが所与として問うことのなかった政治における「私たち」の存在論について着目し、人民主権に固有の困難さに目を向けたい。これまでの第二章と第三章が人民主権論の分析に費やされたのに対し、本章と次章は主権者としての人民の主体化という不安定な象徴化過程を考察する。その実体性のみならず、脱領域的という意味での本質主義的な普遍性をも否定された人民にとって、どのような様式によって自己表出してゆくかが批判的に論じられる。まずはポピュリズムについての若干の共通認識を示すことで、各節の導入としたい。

ポピュリズムには明確な定義がないということが、この言葉を叙述するにあたってのクリシェになっている（e. g. Pannizza 2005: 1）。たしかに、政治学における諸概念は本質的に論争的な性格を有しているものの、とりわけポピュリズム概念のあいまいさはふたつの意味で特徴的であるように思われる。第一に、しばしば政治的正統性の源泉とされる人民の意志そのものの論争的性格、さらにいえば恣意的性格に、この概念が大きく規定されているということである。[1] これに関連して、第二に、ポピュリズム現象において何が問題であるのかという一見自明の問いかけについて、その一般的な回答を用意することが難しい。ポピュリズムの存在が誰を苦しめ、そして何に抵触するのかは一義的に想定できない。一般的に、日本やヨーロッパの政治的議論においてはポピュリズムが否定的に理解されているのに対し、むしろアメリカでは「よい」ポピュリズムを称揚する用例も少なくない。[2] このため、あるポピュリズムを析出し、その具体的な害悪を精査する作業を通じてポピュリズム一般の価値判断を下すには、一定の留保が必要となってくるのである。ポピュリズムへの嫌悪もしくは期待という両極端の反応は、人民による熱狂的な政治運動という外形のみならず、不定形な形象と野放図な方向性――その意味で不気味な存在――への評価に起因している。

あまたの研究が提起するそれぞれのポピュリズムの発生状況について、私にはこれらを個別的に取り上げて綿密に分析する用意も能力もない。最新の研究を紐解くと、「ポピュリスト的実践は、既存の社会的・政治的諸制度が政治主体を相対的に安定した社会秩序へと限定・管理できないことから発生する」（Panizza 2005: 9）と認識されている。そしてこの発生の一般的諸条件として、社会秩序の崩壊とこれを再建する政治システムの能力に対する信頼の欠如、政治的伝統の枯渇と政党への不信、経済・文化・社会における変動（社会階級間、地域間、あるいは民族集団間における人口バランスの変化、都市化や近代化の進展）、伝統的な政治制度を超える政治的表象形態の出現（ラジオ、テレビ、インターネットなどの情報ツールの政治運動への浸透）などが挙げられている（ibid.: 11–3）。いうまでもなく、これらどの諸条件もポピュリズムの発生に影響していると考えられるが、それだけでこの現象とその発生を説明し尽くすこともできない。これらを総合するならば、政治的代表が成立する基礎を提供してきた既存の共同性が破壊され、または崩壊の危機にあるという背景と認識こそ、ポピュリズムの土壌であるといえよう。

そのためポピュリズムの起動因は、人民の名のもとに、政治社会の全体性を回復させようとする意志にある。ポール・タッガートは「ハートランド」（心のふるさと）という概念によって、ポピュリズムの共同性への意志を説明しようとしている（Taggart 2000: 95–8）。さらに興味深いのは、人民それ自体がハートランドとなっているという彼の指摘である。つまり、新たな共同性はポピュリズムが描く別世界にではなく、現在進行中の「人民」への凝集にこそ見いだされるのである。ポピュリズムは、既存の代表形式の危機というだけではなく、「人民」による新しい代表の構築という側面も反映している。

本章ではポピュリズムに対する経験的な分析は断念して、形式主義的アプローチの立場からポピュリズムのイデオロギー的な特質を考えたい。以下ではまず、存在に関係する性質（敵対性）と構成に関係する性質（凝集性）とに、ポピュリズムを区別する。そして、各性質の理論的分析を行ない（第二節・第三節）、最終的にはこれらが相補的にポピュリズムを構成していることを明らかにする（第四節）。ここでは、これらふたつのポピュリズムの性質への配慮が、ポピュリズムと人民主権原理との接続および断絶——両義的な関係性——を導くと考えている。はたしてポピュリズムは、私たちを主権の自己言及的な循環から救い出してくれるだろうか。

二　敵対性の多元化と危機

経験的にポピュリズムと呼ばれている多様な運動形態のなかから、共通の主張を取り出すことは困難である。このあきらかに不毛な比較作業を脇に置くとしても、そのポピュリズムの雑多な主張の形式のうちに、人民とそれに対抗する敵が定位される二元論的世界像を共通項として見いだすことは、それでも可能であろう。以下では、政治的正統性を有していると自認している「私たち」と、それに反しているとみなされた「やつら」に二分化された言説的な性質を敵対性と呼びたい。

いうまでもなく、多様なポピュリズムの言説において敵として措定される人物や集団は、当該の政治空間における特有の文脈によって、いかようにも変容しうる。そのリストには、仕事を奪う外国人労働者、庶民生活に疎い二世議員、自己利益に固執する業界団体、税金を払わない宗教団体、住民を顧みない地方議会、成金趣味のヒルズ族、あるいは存在自体が罪とされた役人が書き加えられてきた。ここでは、無限につづくであろうこのリスト化の憂鬱な作業の手を止めて、敵対性そのものがポピュリズムの理論史のなかでどのように位置づけられてきたかを分析する。ポピュリズムの理論化が、どのように敵対性を——危機と形容される現実政治における敵対性の多元化を背景としながら——その存在論的な条件に組み込んでいたかという点が注目される。

一九六〇年代の先駆的なポピュリズム研究が、あくまでその対象地域をラテンアメリカ、ロシア、東欧、アフリカ、アジア、そして北米の後進地域などに限定していたことにみられるように、ポピュリズムは近代と前近代の境界領域に位置していると認識されていた（Berlin *et al.* 1968; Ionescu *et al.* 1969）。この認識の枠組みによれば、ポピュリズムにおける敵対性は、周辺的な農村共同体にとって脅威となる産業資本や中央政府の官僚機構への反動として形成されることになる。ポピュリズム研究では、ポピュリズムの発生状況として既存の共同性の崩壊と新たな敵対性の構築を、暗黙的であれ、共通認識としてきた。ジノ・ジェルマーニはその古典的著作において、ポピュリズムの起源を伝統社会から工業社会の移行過程に現われる逸脱的表現とみなした（Germani 1978）。そして、アルゼンチンで台頭したペロニズムの担い手として、工業化の進展にともない都市労働者へと組み込まれた農村からの移住者を見いだし、ポピュリズムを近代化の発展段階に位置づけた。この単純な近代化モデルはともかくとして、このように新たな敵対性の発生をともなう既存の共同性の崩壊過程にポピュリズムを定位する認識自体は、その後の研究に継承されてゆく。

ジェルマーニの本質主義的な理解に対して、彼の弟子にあたるエルネスト・ラクラウのポピュリズム研究は、ポピュリズムのもっとも顕著なしるしである人民という政治主体を、部分的な集団にではなく、ひとつの集合体として理解するところから始まる。[3]「『人民』とはたんに修辞上の概念にとどまらず、ひとつの客観的定在、つまり、ある具体的な社会構成体のレベルにおける支配的矛盾の両極の一方なのである」（Laclau 1977: 165）。初期ラクラウの課題は、人民と階級の相互的な相対的自律性を論証することで、還元主義的に両者を混同してポピュリズムを一定の発展段階に嵌入する理論を批判することにあった。[4]

ラクラウは、ポピュリズムの敵対性における階級と人民の弁証法的関係性を見いだす。彼はまず階級の位置する生産様式レベルと、人民が位置する社会構成体レベルを区別する。そして、「階級は自己の言説のなかに人民的審問を節合することができるかぎりで、はじめてヘゲモニー勢力として存在する」（Laclau 1977: 195）という診断を下す。このときポピュリズムとは、自己のヘゲモニーを主張するために、権力ブロック全体との対決をもとめる階級が行なう節合の、ひとつの形態である。

ポピュリズムは、既存の支配的イデオロギーに対抗して自己のヘゲモニーを主張するために、人民・民主主義的審問をひとつの総合的・敵対的な複合体として提示することを本質としている（Laclau 1977: 172-3）。たしかに、こうして主体化される人民の構成要素は表面的には一貫性がなく、どのような政治的言説とも節合しうるようにみえる。しかしながら、そもそも「『人民』／権力ブロックの対立は、階級なしでは発展させることができない」（ibid.: 196）。なぜなら、階級的対立がイデオロギー領域で政治的言説に特殊な独自性を与えながらその節合原理を決定するのに対して、人民的対立はあくまで抽象的契機を表象しているからである。つまり「『人民』の様式の種類は、階級との節合形態の種類による」（ibid.: 194）。こうした階級による節合原理の規定性において、支配階級のポピュリズムは人民がもつ革命的な含意を中和化することに向かう（ラクラウはその例としてファシズムとペロニズムを指摘する）。これに対して、被支配階級のポピュリズムがヘゲモニーを獲得するためには、人民をどの特定の分派も排他的に消化できない地点までに、人民的審問の敵対性を発展させなければならない。また同時に被支配階級は、支配的なイデオロギー的言説のなかに危機を醸成して、この支配的言説の節合原理の人民的審問に対する内包力を削減しなければならないのである。

「ポピュリズムの出現は歴史的には、支配的なイデオロギー的言説の危機――これはより一般的な社会的危機の一部をなす――に結びついている」（Laclau 1977: 175）。ポピュリズムは、前産業化段階の農村部に局所的に依拠した対抗言説ではなく、人民を構成する民主主義的イデオロギーの敵対的な形態であり、階級との弁証法的な関係性の場において生じる。ただし、ラクラウのポピュリズム論において、ヘゲモニーを奪取した被支配階級が主導するポピュリズムと、打倒対象である既成の支配階級のそれとの相違は、明確には語られない。つまりポピュリズムにおける既存の支配的イデオロギーへの敵対性という観点からは、それを現実の階級関係に還元して考察する能力を備えていないかぎり、両者を区別することはできない。この意味で、ポピュリズムのあり方を虚偽意識にもとづくものか否かという二分法に還元してしまうような、別の形式の還元主義に陥る可能性を含んでいるといえよう。このような初期ラクラウ理論に対して大きな打撃を与え、その修正を迫ったのが、一九七〇年代後半から顕著となる先進諸国でのポピュリズム現象であり、それを背景とした研究の登場であった。

ラクラウが居を構えたイギリスにおいてまさに登場したサッチャリズムを契機として、ポピュリズムの「先進国化」が意識されるようになった。スチュアート・ホールは、一九七〇年代にイギリス社会が直面した危機に「権威主義的ポピュリズム」の起因をもとめる。この危機とは、世界資本主義システム内におけるイギリスの構造的衰退、ケインズ主義的福祉国家と社会民主主義を追求した労働党政権の失敗、ネオ・コーポラティズムの機能不全などの資本主義国家の危機である（Hall 1980: 158）。これらの「英国病」と揶揄された危機に対して、サッチャリズムは、公共福祉分野の縮減と再私化という新自由主義政策と、家族や共同体的価値の道徳的復権という新保守主義的価値とを両軸として、雑多な断片的思潮のアマルガムとしての危機管理国家的な方向性を志向したのである。

　このとき「権威主義的ポピュリズム」とは、「古典的なファシズムと異なり、すべてではないが多くの公的な代表制度に依拠し、同時に動的な人民的同意を構築することができる資本主義国家のひとつの例外形態」（Hall 1980: 22-3. 強調は引用者）である。ホールによれば、サッチャリズムを支配階級が合成したたんなる虚偽意識として理解することは、ポピュリズムの本質を見誤ることになる。このイデオロギーは、たしかに「人民」の具体的な社会的・経済的状態を前提としている（Hall 1983: 31）。そのため別言すれば、このポピュリズムの右旋回は、危機の反映ではなくて、危機への人民的な反応なのである。

この時点でのラクラウとホールの大きな違いは、前者がポピュリズムを人民・民主主義的審問を経たイデオロギー的形態と理解するのに対し、後者はポピュリズムと人民・民主主義的要素を厳格に峻別することにある。つまり、ラクラウが権力ブロックへの対抗戦術としてのポピュリズムという認識を示したのに対して、ホールはポピュリズムを支配階級の戦術としてより明確に理解している。このポピュリズム論の変容は、あきらかに先進諸国の現実政治の動向を反映したものである。そのためホールは、「ラクラウの考えには、とりわけ対抗関係のうち『人民』の側については、しばしばラテンアメリカの文脈が反映されている。〔……〕『ポピュリスト』の言説が効果的な審問によって『人民』を支配階級の行為へと駆り立てるという機能が、十分に考慮されていない」(Hall 1980: 176)[5]と批判できるのである。ホールからすれば、ラクラウのポピュリズム概念では、「人民的要求のほんとうの動員」と「『ポピュリスト』による動員」とを区別することができない(Hall 1988: 153)。

そのためホールの研究では、必然的にポピュリズムの支配/被支配の関係における中和化作用が強調されることとなる。たしかに支配階級の実効的なイデオロギーのなかには、人民的要素によって構成される諸言説があり、これらの要素は人民の利益と権力ブロックとの対立をしばしば示している。なぜなら、「この対立が示されている言葉に本質的な、必然的な、または固定的な階級的含意がないために、権力ブロックとの関係で人民諸階級に位置しているまったく異なる言説のなかに、さまざまな方法でこの言葉が要素として効果的に再構築されうる」(Hall 1983: 30)からである。サッチャリズムは、危機としての人民的言説と権力ブロックの脱臼を調停することを目的として登場したのである（Hall 1988: 172）。

「忍び寄る集産主義」の波を打破しようとする新たな動機を背景として統合された「人民」という言葉は、国家装置からケインズ主義的な幻想を放逐し、権力ブロックを強力なものへと刷新する。〔……〕このラディカリズムは、効果的に心情を変化させ、人民の推進力を吸収し中和化し、そして、人民とそれ以外との断絶の場において「ポピュリズム的統一性」を構成する。支配階級の一定の部門と被支配階級とのあいだに、新しい「歴史ブロック」の存在がもたらされるのである（Hall 1983: 30–1）。

このホールの分析も、ポピュリズム研究における敵対性分析に新たな視座を提供するものである。なぜなら、それは支配／被支配の関係性をめぐって、両者のあいだの敵対性を動的に認識することを可能にさせるからである。人民的要素で構成された言説が、逆説的に支配の言説として機能している。ただし、このような上からのベクトルの分析には、不可避的な難点もある。ボブ・ジェソップらの批判に対してホール自身もみとめるように、権威主義的ポピュリズム論では政治的レベルとイデオロギー的レベルを十分に区別することが難しい（Hall 1983: 156）。このような難点は、ひとつにはポピュリズムの位置を支配階級にもとめたために、その現象レベルの敵対性と理論レベルの敵対性に乖離が生じてしまったことに起因するといえよう[6]。

このホールによる批判を基本的に受容しつつ、一九八〇年代以降のラクラウのポピュリズム理論は、敵対性に対する動的な認識をより〈一般化〉したと総括できるだろう。まずラクラウは、言説概念を分析視角として導入することで、ポピュリズム論の背後にあった上部構造と下部構造という二元論を拒絶する（Laclau 1980: 87）[7]。言説が示すのは、たんに言葉やテクストではなく、それらを形成するような意味の社会的な生産が行なわれる現象の集積であり、それは社会を「そのようなもの」として構成している。こうして、ポピュリズム運動の組織論は、ポピュリズム言説から切り離すことができなくなり、運動とアイデンティティを形成する言説の次元として論じられることになった（Stavrakakis 2004: 256）。言説を中心的な分析対象とすることにより、初期ラクラウ理論が基礎としていた階級的審問と人民・民主主義的審問の二重性という構造主義的な図式が放棄され、還元主義が完全に根絶される。「国民的＝人民的あるいは人民的＝民主主義的なシンボルが、階級的立場とは別個な主体位置を構成するために生まれる」（Laclau and Mouffe 2001: 64）[8]。

この理論的変容の影響は、大きく二点に反映されている。第一に、いかなる闘争形態においてもこれを主導する「特権的主体」という認識が、決定的に廃棄される（Laclau and Mouffe 2001: 169）。そしてその必然的な帰結として、第二に、初期理論で所与であった支配関係が事実上宙吊りにされる。

私たち［ラクラウとシャンタル・ムフ］は服従関係を、一方の行為者が他方の決定に左右されている関係として解釈する。〔……〕それと対比して、敵対性の場へと変換された服従関係を、私たちは抑圧関係と呼びたい。最後に、その関係の外部にある社会的行為者の観点や判断から見れば正統化されず、それゆえに特定の社会編制のなかに実際に存在する抑圧関係と合致したりしなかったりするような一連の服従関係を、支配関係と呼ぼう（Laclau and Mouffe 2001: 153-4）。

支配関係は、イデオロギー的なものに対する拘束力を喪失しつつある。このとき敵対性の方向性は、絶対的な目標を喪失して、ヘゲモニー闘争の主戦場へと投げ込まれる。「ある敵対性の節合の形態はあらかじめ決定されてなどおらず、それはヘゲモニー闘争の結果なのである」（Laclau and Mouffe 2001: 168）。結果として、ポピュリズム理論における敵対性は、あらゆる二元的対立を形象しうるという意味で〈一般化〉する。しかもこの〈一般化〉は、それが同時に敵対性の社会的な遍在を肯定するために、「敵対性の増殖」（ibid.: 166）の別称であるともいえるのである。

こうした敵対性の〈一般化〉の必然的な帰結として、ラクラウはサッチャリズムをポピュリズムとみとめる。「新しい服従の諸形態に対する抵抗形態が多義的で、反民主主義的言説にさえ完全にぴったりと節合しうることは、近年の『新右翼』の前進によってはっきり証明されている」（Laclau and Mouffe 2001: 169）。こうしてラクラウ自身の手によって反支配闘争における特権的地位を剥奪されたポピュリズムは、逆説的に永続ポピュリスト革命という課題を顕然とするのである。

以上のように、ラクラウ－ホール－ラクラウの所説を考察することで明らかになってきたことは、ポピュリズム理論における敵対性の形式の変容である。理論的にはそれは、敵対性が支配関係をめぐる規定性から自律化し（ただしこれは支配関係が解消されたことを意味するわけではない）、しかもそれが多元化するというふたつの意味での拡張運動であった。

ただし、これが意味するのは、ポピュリズムが特定の政治環境のイデオロギーであることをやめたということではない。むしろ、その環境が世界に共有されたと理解したほうが正しいかもしれない。敵対性の増殖とともに、それによって構成される政治的なるものの領域は膨張をつづけ、現実政治は個々の敵対性に対応できずにいる[9]。一九八〇年代以降のポピュリズム現象とその研究は、主権国家規模において全体性が崩壊しつつあるという認識を共有している。二〇世紀後半から持続する一連の地球規模での再編制過程が、その社会的背景であることは論をまたない。政治空間を構成していた多様な境界線は、全面的とはいえないまでも、多くの箇所での引き直しを経験した（もっとも、国境線自体の再編は低調であったが）。そして、支配的な価値体系を構成していた全体性の破綻はもとより、この全体性という観念の存在そのものが疑われはじめているのである。

同質性という幻想を単位とした政治が文字どおり幻想としていったん了解され、それは敵対性を無限に包摂せざるをえなくなった。たとえばさまざまな闘争形態の噴出に、敵対性の創造的契機を見いだすことが可能である。それは「都市運動やエコロジー運動、反権威や反制度の闘争、フェミニズム、反人種主義、民族的・地域的・性的少数派の運動といった、一連の非常に異なった闘争」で、「新しい社会運動」という「不十分な用語」で形容される形態である（Laclau and Mouffe 2001: 254）。この政治空間の重層化への運動もまた、敵対性の多元化を反映しているのである。

現在、敵対性が増殖することで、社会的要求が恒常的に生み出され、既存の政治的範疇から溢れ出し、そして無視されている。本書では、この状況を現実政治と政治的なるものとの「政治の両義性」の危機としてすでに認識してきた。この状況は、ポピュリズムがすでに政治の通常の作法であることを約束する。いまやポピュリズムは抜身のままに留め置かれている。それではポピュリズムは、どのようにして現われるのであろうか。

三　人民とポピュリスト

ポピュリズムの存在が認識されるのは、見る者を惹きつけるポピュリストとのマスメディアを介した接触による場合が多い。昨今世界中でポピュリズムが議論の俎上にのぼっているが、これも個々のポピュリストたちの存在を抜きにして語ることはできない。とりわけ情報メディアの発達にともない、政治を見世物化して政治劇の興行主となるだけでなく、わかりやすい勧善懲悪的な筋書きを産出する演出家や、その主役をもポピュリスト自身が兼ねてしまうという事例は、しばしば一抹の危惧の念をもって紹介されている。実際には、どの程度までポピュリスト陣営の意向どおりに一連の政治劇が進行しているかについては、かなり疑問の余地はあるものの、これを受容する側からすれば、ポピュリストが能動的に演出したという主張に説得力がまったく存在しないというわけでもない。ラクラウやホールは、このようなポピュリズムの「説得力」をたんなる虚偽意識として片づけてしまうのではなく、敵対性との関係において考えてきた。

だが、いかなる障害も存在しないかのように映る人民とポピュリストのつながりにも、実は多くのあいまいさがある。たとえば、多くのポピュリストは、既成の政党組織などの代表機関に対する敵対性をその理論的支柱に据えるものの、自らがひとつの代表の形式であることに対する批判には、民意という理論武装によってこれを回避している。また、場合によっては、ポピュリストがあまりに偶像化されているために、亡命や収監などの障害にもかかわらず、その不在のままにポピュリズム運動が興隆する可能性もありうる。本節では、ラクラウの『ポピュリズム的理性について』(Laclau 2005a)を中心的に検討しながら、代表することと代表されることを連結するポピュリズムの凝集性について考察してゆく。この凝集性こそ、ポピュリズムを現象として認識させる過程にほかならないのである。[10]

私見によれば、ポピュリズムには二種類の凝集性が存在する。第一に、個別の敵対性がより包括的な敵対性へと凝集化されるケースである。もちろん個別の敵対性においても人民とその敵という二元論的構図は立ち上がるが、このミクロ的でかつ多様な人民・敵は、別のさまざまな敵対性と節合されることでマクロ的な人民・敵へと発展する。マーガレット・カノヴァンの表現に依拠すれば、「ポピュリズム運動は、排除された『部分としての人民』を、『全体としての人民』の権威を召喚することで動員する」(Canovan 2005: 90)。このとき、当初抱かれたミクロ的な人民意識は解消されるわけではないものの、同時にマクロ的な人民意識を構成する一要素となって代表される。第一の凝集性は、ポピュリズム運動における、「人民」の生成過程にみられる性質にほかならない。そして、第二の凝集性とは、人民全体を対象とするポピュリストによる代表形態である。ポピュリストは人民全体とその意志を自ら体現し、共通の敵に対して果敢に戦いを挑んでゆくのである。以下ではラクラウのポピュリズム分析に依拠しつつ、論点を加えながらこのふたつの凝集性を考えてみたい。

まずは第一の凝集性について分析を進める。近年のラクラウのポピュリズム研究は、空虚なシニフィアンという概念の導入によって、この凝集性の分析と実践に焦点をあてている。空虚なシニフィアンとは、それが指示するシニフィエがないシニフィアンである（Laclau 1996a: 36; 2005a: 105）。それ自体に固有の意味をもちえないシニフィアンが政治における凝集性の核をなす。つまりラクラウによれば、空虚なシニフィアンの存在こそ、ヘテロ的な要求としてのアイデンティティの等価的な連帯の表出と構成を行なう（Laclau 2005a: 129）。ポピュリズムの最小単位となる社会的な要求は、他者から人民を線引きする特定のイデオロギー的形式へとそれぞれ等価的に節合される（ibid.: 73-4）。

その際、人民のアイデンティティは固有の意味を有しておらず、それはヘゲモニー闘争の暫定的な帰結としてのみ提供され、社会をふたつの集団に分ける内的なフロンティアを構成する。つまり、内的なフロンティアの形成による社会空間の二分化および要求の等価的な連鎖は、「ポピュリズム的な切断」が出現するための条件の両面を意味している（Laclau 2005b: 38）。ポピュリズム的な切断において、主体化の中心が欠如しており、ラクラウはそれを特定の意味内容をもたない指示記号という意味で「空虚なシニフィアン」と呼ぶ。空虚なシニフィアンは、それを埋めようとする政治的な行為の対象となるような、しかしけっして特定の何かによって埋まることのない記号である。

空虚なシニフィアンはそれが等価的な連帯を指示するときのみ自らの役割を果たし、その役割とは「人民」を構成することだけである。いいかえれば、等価的な諸要求の水平的な節合に位置づけられたデモクラシーの主体の存在にのみ、デモクラシーは存在している。空虚なシニフィアンによって節合された等価的な諸要求の集合は、「人民」を構成するのである（Laclau 2005a: 171）。

このような政治的な節合様式をポピュリズムと呼ぶとき、あきらかにポピュリズムは、多くの研究が志向するような実体的な存在ではなく、存在論的な概念であるといえる（Laclau 2005b: 44）。前節で論じてきたように、ラクラウ自身もまたポピュリズムを「存在」としてではなく、「存在論」として理解するようになった点は言及されなければならない（Stavrakakis 2004: 262）。ラクラウは「ヘゲモニー作用に関わる具体的な行為者」について、「社会学的に記述し説明する仕事」よりも、「それに関わる論理の形式的な分析」の必要性を強調した（ラクラウ 二〇〇二a：七九）[11]。

ラクラウの空虚なシニフィアンに関する議論で特徴的なのは、ポピュリズムを言説の普遍性と特殊性の二元論において考察していることである。ポピュリズムは、特殊的で部分的な要求に対する普遍的で全体的な集合的行為による代表が、遮断されることを契機として登場する。彼によれば、ポスト冷戦期の一九九〇年代の社会・政治闘争において、普遍主義が時代遅れの全体主義的な夢想とみなされる一方で、独自の価値を提起する特殊主義の台頭が顕著になった。しかし特殊主義のみでは、いかなる特殊な権利や利益も承認しなければならず、また互いの分離に潜む権力関係を解消することができない（Laclau 1996a: 26–7）。そこで、新しい普遍性の構築が要請されるのである。ポピュリズムにとって重要なのは、特殊性の連帯が普遍性の地位を獲得することである。またこれは同時に、既存の普遍性が複数の特殊性へと分解されることを意味する。

このポピュリズムの動的側面こそ、可視的なポピュリズム現象にほかならない。この普遍性と特殊性の二分法を前提とした両者の反転可能性こそ、ポピュリズム現象の始原であり帰結でもある。「普遍的なものは特殊的なものから発現する。それは特殊なものを説明したり根拠づけたりする原理としてではなく、互いに遊離した特殊なアイデンティティを縫合する不完全な地平として発現するのである」（Laclau 1996a: 28）。ラクラウが「ポピュリズム的理性」と呼ぶのは、特殊性から普遍性を構築するポピュリズムの論理のことである（Laclau 2005a: 224–6）。そして、この意味における普遍的なもののひとつである人民は、いかなる最終的な定義をも拒絶する。この人民の決定不可能性が、特殊性との関係において、それをひきつづき普遍的なものでありつづけることを保障しているのである。

あらゆる敵対性を無限に吸収する空虚さによって、敵対性が人民へと凝集される。そのため、ラクラウの独特な表現によれば、いかなるポピュリズム的なアイデンティティも本質的に代表的な内部構造を有している（Laclau 2005a: 163）。このとき空虚なシニフィアンの位置を占めるのが、ポピュリストである。このマクロ的な人民がポピュリストに凝集される形態こそ、ポピュリズムの第二の凝集性である。ラクラウはその典型として、一九六〇年代から七〇年代のアルゼンチンにおけるペロニズムの存在を指摘する。

ペロニスト運動自体は実体的な組織を欠いており、むしろシンボルのつながりであり、政治的指導の多様性を統合するあいまいな言葉であった。さらに決定的なことに、〔……〕ペロン自身はマドリッドに亡命中であった。このような状勢下で、ペロンは、人民陣営を統合する等価的な連帯における、普遍性の契機を具現化するような、「空虚なシニフィアン」となる理想的な条件にいたのである（Laclau 1996a: 55）。

ラクラウはポピュリストの全体性が、制度論的な全体主義者の全体性とは異なることを指摘する。後者が社会の同質性を前提とするのに対し、ポピュリストは人民とそれ以外の存在（人民の敵）という社会の根源的な二分法を前提としている（Laclau 2005a: 81）。つまり、社会の同質性はポピュリズムの基盤とは相反する。まさに普遍性が普遍性でありつづけるためには、つねに特殊性を必要とするのである。「普遍性の次元は、コミュニティが全面的に同質的ではないかぎり排除されえない（もしそれが同質的であれば、消え去るのは普遍性だけではなく、まさに普遍性／特殊性という区別そのものなのである）」（Laclau 1996a: 56）。一九七三年選挙におけるペロニストの勝利とファン・ペロンの帰国によって、彼はもはや空虚なシニフィアンではなく、具体的な政策を指導する、一定のイメージが固着した、ひとりの大統領となった。このようにポピュリズムの中心が具体化された結果、等価的な連帯はコントロールを失ってゆき、一九七六年の軍部による独裁体制が準備されるのである。

ラクラウの理論では、ポピュリストは空虚なシニフィアンのひとつであり、その周りに構成されてゆく人民のアイデンティティと整合的に理解されている。ラクラウによれば、等価的に結びついたヘテロ的な要素の集合体が「単独性」(singularity)を必要とし、この性質が特定のリーダーの名前を招き入れることになる。そのため、この特定の個人への象徴的な結合は、人民の形成に特有のものである(Laclau 2005a: 100; 2005b: 40)。この場合、代表する者は個別の利益をありのままに反映するのではなく、むしろそれらをより普遍的な言説につなげるという象徴的な役割を果たしている(ラクラウ二〇〇二b:二八一、Panizza 2005: 19)。ラクラウの理論では、ポピュリストは空虚さの次元を特定の表象で充当するのではなく、自らもまた空虚で決定不可能なものであり、人民との共振関係を維持する。

私見によれば、ラクラウの卓越した理論において問われるべきは、その権力性の認識である。とりわけグローバルな資本主義との対抗を考える際に、普遍性/特殊性という用語を用いることが妥当であるかは、無視しえない問題であろう。ヘテロ的な特殊性に根ざした普遍性の再構築という課題は、世界を平準化させるグローバル資本の流れを、後追い的にセメント化する作業に単純に終始してしまいかねないのではないだろうか。むろんラクラウの普遍性/特殊性の用法はかなり意識的であり、ふたつの意味で挑発的なものである。第一に、さまざまな限界のある一社会における支配的価値あるいは言説を普遍的と呼ぶ。そして第二に、既存の普遍性ではない新たな普遍性の構築をポピュリズムの課題とみなすからである。そのため、「普遍的なものの特殊性」(Laclau 2005a: 225) という一見矛盾した語用が可能となる。彼自身も指摘するように、ヘーゲルとマルクスのあいだにも、普遍性をめぐって国家/市民社会、あるいは、普遍的階級をめぐって官僚制/プロレタリアートという認識の対立が存在した (ibid.: 107)。つまりラクラウの普遍性は、その存在自体が所与としては普遍的ではないことを認められているために、一連の広義の政治過程の煉獄を潜り抜けた経験の後に存在する概念である。

この絶対性なき普遍性を欠陥品とみるか、あるいはその経験のためにむしろ強固であるとみるかの判断は文脈に依存するだろうが、どちらであれ、少なくともこの概念が権力性を内包していることに疑いの余地はない。ラクラウ自身もみとめるように、特殊性の節合による新しい普遍性の構築の主張は、依然として排除あるいは同質化への権力の意志を失ったわけではない (Laclau 2005a: 162)。つまり、ポピュリズムは、普遍性と特殊性との非対称性を前提としたまま、特殊性のある側面を抑圧しながら進展せざるをえない (ibid.: 96)。普遍性と特殊性の完全な一体化を完遂すれば、それは社会のヘテロ性の否定を意味し、ポピュリズム自体を破壊してしまう。この点については人民主権論との関係を念頭に置いて、次節でふたたび考察してみたい。

これまで本節は、ポピュリズム現象において、ふたつの凝集性が同時並行的に作用している点を確認してきた。このときどのような人民概念でも、代表する契機と代表される契機という相反的な性格を併有していることが確認できる。すなわち、第一の凝集性によれば人民概念は分割可能なかぎりその構成要素の各個人を代表するとともに、第二の凝集性によれば集合的な人民は単独のポピュリストによって代表される。先述したように、ポピュリズムは代表に依拠した政治のアンビバレンスを反映している。つまり、それは既存の代表制民主主義を批判しつつ、新たな代表様式の可能性を目指す。ポピュリズムは代表政治のひとつの特質である（Taggart 2004: 268）。とりわけ一九八〇年代以降に先進諸国でポピュリズムが興隆した背景には、代表する者と代表される者があまりに乖離してしまったことがある、と指摘されている（Andeweg 1996: 143）。

ただし二重の凝集性の観点からは、このような代表制の危機とは、たんなる政治家の無能さや特権化などという忌むべき事態のみならず、代表されるべき政治主体を安定的に想定しえないという事態も含んでいることに注意しなければならない。ポピュリズムの根源的な主張は、間接民主制から直接民主制への移行ではない。このような二重の代表制の危機こそが、主権者たる人民の明確で直接的な代表への意志をもとめたのである。今日みなデモクラットたる世界のなかで、代表のあり方をめぐる制度的な争いへと、闘争の場が収斂したといえよう。

代表をめぐる存在論的な考察については次章に譲り、ポピュリズムの議論をつづけよう。ポピュリストによる代表は、たんなる人民の利益の代弁者ではなく、その全人格あるいはすべての要求にわたる表象である。誤解をあらかじめ除いておけば、つねにポピュリストとは誰からも愛され尊敬されるような圧倒的な人気者ではない。歴史の常として、ポピュリズムが隆起したときには、反ポピュリズムの言説も同じように隆盛を極める。時に応じてポピュリストが人民にとっての「痛み」を口にするように、ポピュリズムを大衆迎合主義と翻訳することは、控えめに表現しても、有益ではない。むしろ問われるべきは、ポピュリストが大衆批判を歴然と口にするにもかかわらず、これを大衆迎合主義としてまさに正反対なものに回収することを許すポピュリズム特有の磁場である。

しばしばポピュリストは過剰なまでの大衆性（あるいは卑俗性）を強調すると同時に、人民とは共有しえない資質や社会的出自、あるいは政策志向性を持ち合わせている。自らの支持基盤である人民（大衆）への批判を公言し、あるいは客観的に判断すれば人民にとって不利に思われる政策を実行するポピュリストに対して、それでもなぜ人民はポピュリストを熱狂的に支持するのかという疑問は、つねに提起されてきた。この疑問にあえてひとつの回答を寄せれば、このようなポピュリストの言説は、たしかに個別の敵対性とは矛盾するが、これが凝集化した人民に対しては正面から敵対しないからであるといえるだろう。そのためポピュリストの個別の資質や言動が、それを支持する人民のものと著しく異なっていたとしても、この「欠点」だけでポピュリストの資格がないとはいえないのである。ポピュリストの空虚さとは、その非存在性ではなくて、ある特定の実体的な本質に還元することができない可塑性を意味している。この意味で、ポピュリストの特質は、人気があるというよりも、敵を対置しながら人民的なるものを継続的に生み出すことができる点にある。

これまで分析してきたのは、表面的には矛盾する敵対性の多元化と凝集化の両義的な並存に特徴づけられるポピュリズムの存在論である。まず、増殖した敵対性が既存の全体性を破壊する。つぎにこの危機に対応するために、複数の敵対性が凝集化して人民の共同性を構築することによって、多元性に根ざした一元的な全体性を再構成する。この新たな全体性の中心は、空虚なままでありつづける必要がある。なぜなら、ポピュリズム（ポピュリスト）の内部でつねに敵対性を増殖させて凝集させなければ、多くのポピュリズム（ポピュリスト）の味わった末路のように、自らも同質化してしまうことでひとつの特殊性に転落してしまうからである。ラクラウは、このように空虚なシニフィアンが絶えず流動して自己イメージを攪拌しつづける形態を「浮遊するシニフィアン」と呼び、ポピュリズムのひとつの特質として強調した(12)。人民を構築する第一の凝集性とポピュリストを構成する第二の凝集性とのあいだの関係は、ポピュリズムの展開をめぐる、分割しがたいがつねに不安定な代表過程とみなすことができる。個別の敵対性は二重の凝集性によってポピュリストに代表される。

四　ポピュリズムを超えて？

本節では、ポピュリズムの可能性（と限界）にふれながら、「私たちの政治」とポピュリズムの関係について考えてみたい。これまでの議論は、ポピュリズムがまるで亡霊のようであることの理由を明らかにしてきたといえるだろう。凝集性を失わない敵対性の多元化と同質化しない敵対性の凝集性は、相互規定的にポピュリズム概念を構成する。こうしてポピュリズムの悪名高きあいまいさは、むしろその還元不可能性として理解されなければならない。

現実政治においては、ポピュリズムは民主主義制度の通常の手続きにしたがって現われる。さらに一義的には、既存の法体系や主権者の権利を侵害するような政治権力の行使を志向するものでもない。ポピュリズムに本質や固有の主張があるわけではない。それは、人民ではない対象との対比において、「人民」を生成する目的のみに資する言説が集積したイデオロギーである。人民的なるものはアプリオリに想定されるものではなく、それぞれの状況において敵対性を節合した一時的な帰結として社会的に決定されている――それは同時に、「人民の敵」もまた本質がない不安定な存在としてしか描き出せないことを示している（e. g. Laclau 2005a: 86, 99）。社会的な害悪の多くが節合されて、そうした敵に委ねられている。ポピュリズムがイデオロギーであることは、敵対性が固定化された特定の人民のかたちを切り出すことを要素としている以上、避けることができないのである。そのためポピュリズムは、他のより体系的ないかなるイデオロギーとも共生できる性質を有している（Stanley 2008: 99）。このときポピュリズムの亡霊は、人民のシニフィアンの空虚さとその浮遊する性質に反映されている。

それでは、ポピュリズムは人民主権の実現とデモクラシーの深化に寄与するといえるのだろうか。まず、このような主張を積極的に展開してきたラクラウに対する、スラヴォイ・ジジェクの批判に目を向けたい。以下では、ポピュリズムの評価をめぐるジジェクとラクラウの浩瀚な論争のうち、本章の議論に関する点に注目する。

ジジェクは、ポピュリズムに関する議論の重要さを認めつつも、そしてラクラウによるポピュリズム概念の解析を基本的に承認しつつも、それが解放の政治を刷新するための基盤としては使えないことを明確に宣言している（Žižek 2006: 567）。なぜなら、ポピュリズムは既存の政治（現在のコンテクストにおいては脱政治化した行政的な管理）に対する拒否のみを構成要素とするような、否定的な現象としてしか存在しえないからである。このような基本的な理解に立脚して、ジジェクはポピュリズムのふたつの問題点を指摘する。第一に、たしかにポピュリズムは形式主義的な政治的論理であるものの、内的な社会的敵対性を統一された人民と外的な敵という形式とに固定化し、外部を排除することによって成立している（ibid.: 555-7）。そして、第二に、ポピュリズムの最小単位である個別の「要求」については、それぞれが演技の要素を含む可能性があり、その深刻さの度合いについては相当程度に議論の余地がある（ibid.: 557-8）。結論的にいえば、ラクラウのポピュリズムは敵対性の過剰が存在する唯一の形式ではなく、ポピュリズムではない運動は歴史的にいくらでもある。

前節で考察したラクラウの形式主義的なポピュリズム分析を念頭に置くと、ジジェクの議論に冷戦後のヨーロッパ社会の現状とそれへの評価が色濃く反映されていることをみてとることができよう。そこではポピュリズムの社会的位置づけが問題となり、「運動」としての性質がポピュリズムへの評価と不可分に結びついている。しかし、ラクラウのポピュリズムはあくまで「言説」であり、いかなる運動にも部分的に反映されうる。いまやポピュリズムは政治の主要な性質なのである。この議論の地平の相違は、両者のすれちがいのもっとも大きな原因になっているように思われる。そのため、ラクラウにとって、問題は人民の象徴的な形成における抽象化プロセスであり、ポピュリズムそのものの評価ではない。そのかぎりで、特殊な諸要求は等価的に節合する。さらにいえば、ポピュリズムにおける存在論的な外部と存在的な外部を混同してはならない。おそらくこのズレをもっとも明確に示すのは、ラクラウによる現実界の理解である。彼にとって現実界とは（ジジェクのヘーゲル主義的理解が帰着するような）対象ではなく、いかなる客観性の究極の完成を阻止するような内的な限界である（Laclau 2006: 657-8）。そのため空虚なシニフィアンにおける「空虚さ」とは、あくまで「アイデンティティの形質」である（ibid.: 675）。

たしかに、この論争はラクラウとジジェクの合意点を発見するというよりも、両者の出発点の違いを強調するものとなった。この結果に学びながら、人民主権論とポピュリズムの関係に注目したい。ここでは、「ポピュリズムは本質的に中立的である」という想定を批判の焦点にするという方向性ではなく、人民を構築する第一の凝集性とポピュリストを構築する第二の凝集性のつながりを問題化したい。デイヴィッド・ホワースによれば、ポピュリズムにおいて、ヘテロ的な社会的要求を特定のシニフィアンに接続する垂直的な関係性は、諸要求のあいだの水平的なつながりの連鎖によって支えられている。しかし、ラクラウのポピュリズム論は、ポピュリストと人民の垂直的な接続が、水平的なつながりを抑圧する可能性を無視している（Howarth 2008: 186）。つまり、ラクラウはポピュリズムのふたつの凝集性が平滑に接続していると処理するため、ポピュリストが内包する権力性について――彼自身はサッチャリズムを経験したはずなのに、あるいはそのためにか――無頓着になっていることは否めない。

ここで議論しているのは、人民の空虚なシニフィアンにポピュリストが整合的に合致することができるのか、という問題である。しかし、ポピュリストもまた生身の人間にほかならず、それとは遊離したイメージが勝手につくりあげられたにすぎない、という情報化社会の病理を問題化しているのではない。特殊性の等価的な節合によって普遍的な人民を構成することは、それを代表するポピュリストの存在を必然的なものとはしないのではないだろうか。なぜなら、ポピュリストの想定はそれによってポピュリズムを特殊なものへと貶め、制限を加えるような自己否定の契機としてしか描かれないからである。そして、もしポピュリストが示す自己制限的な表象がポピュリズムにとって不可欠な要素であれば、たとえそれが多様な要求を包摂できたとしても、ポピュリズムは自らの特殊性がすでに想定されている。人民は、その特定のポピュリストの表象と、それがもつコンテクストを超えることはない。敵の言い分に耳を傾けながら——彼らもそれぞれ主権者であるはずだ——人民の象徴化を脱構築することは、ポピュリズムの内側からでは正当化されえない。

これは、いいかえれば、ポピュリストに収斂される単独性にどのような構成的外部があるのかという疑問である。ラクラウにおける構成的外部は人民に対する他者の存在である。他者は人民の内的なフロンティアの外側に放逐されるべき存在である。しかし、そのような他者はまさに排除されることで、人民のアイデンティティが構築されるのに手を貸し、同時に、その作業が完了することを妨げている。なぜなら、排除すべき他者が存在するかぎり、内部のアイデンティティは脅威にさらされつづけるからである（Panizza 2005: 17）。ムフの言葉をかりれば、構成的外部は内部（私たち）の根源的な決定不可能性を暴露するという機能を果たしている（Mouffe 2000: 12–3）[13]。

私はこうした人民の構成的外部についての議論を受け入れたうえで、それがポピュリズム的な代表関係における決定不可能性をも同時にあらわにすると考えている。ポピュリズムの論理の単独的な普遍性は、それ自体が外部との関係において特殊的なものとしての性質を帯びているのではないか。なぜなら、第一に、特殊な要求の集合をポピュリズムとして領域化する際に、まず何がそれに包摂されるのかを決定する必要がある。すなわち、ポピュリズムにおいて構成されるべき人民の萌芽的な要素が、基礎的な要求として示されていなければならない。第二に、ポピュリストと人民が同時に登場し、等価的に接続されるためには、何らかの手続きにおいてポピュリストとなるべき人間が、その代表関係が成立する以前に準備されていなければならない。

こうしたポピュリズムの領域に関する原初的な設定は、ポピュリズム的な代表関係に先行する。ポピュリストになるべき人間はまだポピュリストではなく、そのかぎりで代表されるべき人民は主体化されていないからである。つまり、あるポピュリズム的な代表関係が成立するためには、不在を存在に変えるような外的な権力作用による決定が必要となる。また、こうしたポピュリズムの論理に包摂されない外部の存在が、ポピュリズム的な代表関係を単独性として認識することを許している。

ポピュリスト（になる人たち）を提供する単位、制度、および社会的文脈に対してポピュリズムが依存的であり、こうした根源的な構成的外部の存在を前にしてポピュリズムはつねに不完全な言説である。ポピュリストの存在はポピュリズムの輪郭をあらかじめ設定するとともに、それが本質的に特殊的なものにすぎないことを明示する。そして、ポピュリストと等価的に接続する人民は、たとえその構成において普遍的であったとしても、その接続が成立するかぎりでの特殊性を刻印されている。人民の構成を手助けした脱構築の試みは、それがポピュリストと人民を継ぎ目なく接続する代表関係を、同時に、決定不可能なものとして明るみに出すはずである。

ヤニス・スタヴラカキスもまた、ポピュリズムに対するラクラウの形式主義的なアプローチを高く評価しつつも、それが有する限界を指摘している。政治と同義まで高められたポピュリズムにおいて、あらゆる政治言説が「人民」に飲み込まれることで、政治分析の道具としてのポピュリズムのもつ意味が失われかねないからである。ふたたびホワースの表現をかりれば、ラクラウのポピュリズム論は「理論」というよりも概念や論理の「文法」と呼ぶべきものであり、社会的な状況や過程を現象と区別していない（Howarth 2008: 185）。そのため、スタヴラカキスは、存在論的（形式主義的）レベルと存在レベルを仲介するものとしてポピュリズム概念を再解釈し、人民の「構造上の位置」を考察する意義は失われていないとする（Stavrakakis 2004: 263-4）。つまり、政治を「人民＝ポピュリスト」の生成のみに一元化するのではなく、私たちの政治とそれと対立する政治は区別されるべきである――たとえそれが困難であり、「私たち」にとって短期的に不利益をもたらすものであっても。

もちろん、社会分析と概念分析を統合するために積極的に言説理論を精緻化してきたラクラウが、やすやすとこの批判を受け入れるとは思えない。ただ少なくとも、彼の弟子筋にあたるスタヴラカキスやホワース、そして私は、「私たち」があらゆる権力関係に目をつむったまま「人民＝ポピュリスト」の特殊性に吸収されることに、危惧を感じているのである。ポピュリストの表象が諸権力の均衡点にあって空虚であることは、ポピュリズム自体が権力作用の産物であるとともに特定の志向性を有している事実と区別されるべきではないだろうか。

五　ポピュリズムなき人民的なるもの

たしかにポピュリズムは、主権者としての人民を実体化するための言説である。だが、人民を「政治の両義性」において概念化することは、主権者を脱構築することである。ポピュリストによる非対称的な代表の形式を、主権者を十全に反映したものとして受け入れることは、人民主権にはできない。なぜなら人民主権は、ポピュリズムの拒絶も擁護するからである。くわえて、ポピュリズムの凝集化過程について、代表の外部性と暴力性という問題は提起されなければならない。

このような人民主権とポピュリズムの接続と切断に留意した場合、ポピュリズムと政治的なるものの関係性をどのように論じることができるだろうか。危機的と形容される近年の政治状況のひとつの特徴を、公的領域と私的領域の融合にみるとすれば、政治に関する言説の部分性はつねに全体性へ、そして全体性はつねに部分性へと変化する可能性をはらんでいるといえる。危機意識に根ざしたポピユリズム的実践は、「公私区分線を曇らせ、かつて公的生活にはなかった個人的欲求と集合的欲求を政治的領域に持ち込む」（Panizza 2005: 24）。その意味でポピュリズムは、通常の政治が欠如した際の政治の言語である。

しかし、他方でそれは、「不承不承政治的である」（Taggart 2000: 3. 強調は引用者）。政治における部分的要求をあくまでそれとして限定する確固たる共同性の構造は、もはや存在せず、それらはつねに全体性に開かれている。部分性が既存の全体性に取って代わり共同性を標榜する運動は、まさにポピュリズムによって推進される。つまり、全体性と共同性とがポピュリズム的実践において合成されることがありうる。部分性はもとより、全体性自体が特殊であるかぎり、ポピュリズム現象はつねに共同性への意志と、そして同時に共同性による限定とをあわせ持っているのである。

ポピュリズムの空虚さは、脱権力的という意味ではない。むしろ、つねに敵対性が凝集するような、権力によってつくられた領域である。たしかに、あらゆる敵対性が構成するポピュリズムは、かつて政治とみなされなかったものの内部に政治的なるものを見いだす。しかし、これはむしろ特殊性を節合するというその内的論理によって、不承不承そうせざるをえないのである。こうしてポピュリズムは政治的なものを相互的に構成しつつ、それらを代表できるかぎりにまで簡単に縮減してしまう。ナディア・ウルビナーティの表現をかりれば、ポピュリズムは「社会秩序ではなく、その政治的なつながりや表面」に対抗するのみである。それは「政治的平等や平等な承認ではなく、平等な人びとの政治権力をもとめる」だけである（Urbinati 1998: 119）。

以上をまとめよう。ポピュリズムは、主権者としての人民を現実政治において可視的に生成する現象であるといえる。しかし、本書で論じてきた人民主権論はポピュリズムによってすべて吸収されてしまったわけではなく、それを解体するような論理を含んでいる点に注目する必要がある。ポピュリズムは私たちの政治に生を受けながらも、政治を自分たちではない誰かに委ねてしまう論理を含んでいる。ポピュリズムは、人民的であることを定義する資格を私たちから奪うことで、主権者をめぐる「政治の両義性」をある特定の形式に限定してしまう。そして、あくまで人民主権を物象化することを目的としたポピュリズムは、結果的に主権の循環性を再強化する契機にすぎず、その内側に埋没することになるのである。ポピュリズムは特定の正常なアイデンティティの基準に固執するために、そこから逸脱するものに向けられるルサンチマンを社会の基礎的な文法として一般的に確定させる。

だからこそ、人民主権を本質主義的で脱政治的なものとして固定化するようなポピュリズムのイデオロギー的な傾向には、私たちの政治は組みすることができない。人民主権を「政治の両義性」において維持してゆくことは、主体およびその権力を脱構築することを永遠の目的としている。主権者であることはポピュリズムを支持するか否かという究極的な選択に依存しているのではなく、その設問自体に対する批判を可能とするような政治状況に反映されている。そのような立場は、ポピュリズムをあくまで政治的な概念としてのみ肯定的に評価するものであるといえるかもしれない——それが「政治の両義性」に完全に従属した存在論的なものとしてありつづけるという条件のもとで。この意味において、デリダの表現をパラフレーズするならば、人民主権は「ポピュリズムなき人民的なるもの」の構成を目的とするのである。

ポピュリズムが生起するためには、あるいはポピュリズムの凝集性を確保しつづけるには、新たな敵対性を解き放つような危機の存在、さらにいえば危機の醸成こそがその条件である。ただしこの危機とは、たんに共同性が攻撃されつづけているという側面だけではなく、同時にポピュリストの空虚さを確保する。その意味では、ポピュリズムにとって、危機が常態化した現代社会は理想的な生活環境である。全体性の崩壊と部分性の増殖という事態は、歩みを一向に止めようとはしない。その結果もたらされる、不安感の脱領域的な拡大とリスクのグローバル化から、そしてその状況下における政治の超現実性と、その意味での想像なき共同体に私たちが直面することから、ポピュリズムが発生する。そのため当面の課題は、ポピュリストに回収されるものとは異なる、脱領域的な政治における想像力の回復である。

これこそ、「万国の人民よ、団結せよ」の方途である。

註　記

(1) マーガレット・カノヴァンは人民へのアピールというレトリックをポピュリズムの唯一の特質とみなす (Canovan 1982, 1984)。
(2) たとえば『テロス』誌 (*Telos*, vol. 88, 89, 103) は、「新しい階級」による支配に対抗するポピュリズムの可能性を謳う。同様の立場の研究として、Lash (1995) を参照。

（3）あるインタビューにおいて、ラクラウはジェルマーニとの個人的および理論的関係について語っている（Laclau 1990: 201）。

（4）ニコス・ムーゼリスが指摘するように、研究手法は異なるが、ラクラウとカノヴァンは「人民へのアピール（人民的審問）と反エリート主義（権力ブロックに対する人民的審問）」をポピュリズムの中核的要素をみなすことにおいて、ポピュリズムを歴史的限定性から解放したといえる（Mouzelis 1985: 330）。

（5）ホールはラクラウのポピュリズム論に対して、以下の四点にわたる批判を展開する。（一）審問という用語があいまいであること、（二）イデオロギーから自由な階級的な行為が認識されないこと、（三）ポピュリズムがイデオロギーを超えないこと、（四）経済闘争に関係しないすべてのイデオロギー的言説が簡単に「人民・民主主義的」カテゴリーに包摂されてしまっていること。またカノヴァンはラクラウに対して、非プロレタリア的な直接民主主義を無視しているのみならず、反動的ポピュリズムを注視していないと批判する（Canovan 1981: 344）。

（6）ジェソップらによるホール批判（Jessop *et al.* 1984）について、加藤哲郎は、（一）「権威主義的ポピュリズム」の概念自体のあいまいさ、（二）イデオロギー主義に傾斜しすぎて経済的基盤や国家機構の編成などの具体的分析の不足、（三）サッチャリズムの内的矛盾や試行錯誤的性格の捨象、と整理する（加藤 一九八六：一三四）。これに対しホールは、「権威主義的ポピュリズム」は抽象的レベルで提起されたものであり、これはサッチャリズムのような具体的形象についてはつねに部分的説明でありうることを強調した（Hall 1988: 154）。

（7）一九八〇年を境とするラクラウ理論の変化については、Torfing（1999: 32-4）、Stavrakakis（2004: 254-8）、Howarth（2004: 258-63）を参照。

（8）このとき、「ヘゲモニー的主体が階級的主体でありうるのは、階級位置を基盤にして、何らかのヘゲモニー的編制が実践的に節合される場合だけである」（Laclau and Mouffe 2001: 65; e. g. Laclau 2006: 646–7）。なお本書では、*Hegemony and Socialist Strategy*（一九八五年）については、二〇〇一年に出版された第二版を参照している。

（9）オリヴァー・マーチャートによれば、ラクラウの「政治的なるもの」は、社会的なものの制度化であると同時に、すべての制度が有する偶然的な本質が（敵対性の出現として）反応する契機である（Marchart 2007: 138–41）。なおラクラウは『脱構築とプラグマティズム』において、政治的なるものを「社会の制度化の契機」とするとともに、政治を政治的制度の行為と理解している（Laclau 1996b: 47, 60）。マーチャートは、このラクラウによる区別を、政治的なるものの存在論的な契機と政治の存在的な実行との相違とする（Marchart 2007: 142）。

（10）ポール・タッガートやフランシスコ・パニッツァが指摘するように、ポピュリズムは政治過程における代表の契機を否定するものではない。ポピュリズムはあくまで既存の制度や形式を批判するのみにとどまり、それらを節合して、自らも政党制や代表制にしたがい、新たな代表性の構築を目的としている（Taggart 2000: 86–9; Panizza 2005: 11）。ポピュリズムには代表制民主主義への抵抗と依存が同時に必要であり、この代表へのあいまいな態度こそ、それが短命であることのひとつの理由となっている（Taggart 2000: 99, 110; Mény and Surel 2002: 18）。

（11）ラクラウによれば、形式的な分析が具体的な歴史研究にとって本質的である理由は、「知的実践と呼ぶに値するものは、当然対象を理論的に構築しなければならないばかりか、社会現実そのものが、それ自身の機能原理を組織する抽象化を生み出す」という点にある（ラクラウ 二〇〇二a：注一一八）。

（12）空虚なシニフィアンと浮遊するシニフィアンの関係性については、Laclau（2005a: 133, 153）を参照。ラクラウは「人民」の発生の条件として、（一）「空虚なシニフィアン」を通じたヘゲモニー的に表象された等価的な関係」、（二）「浮遊するシニフィアンの生成を通じた内的フロンティアの転置」、（三）「弁証法的な復活を不可能にさせ、政治的節合に真の中心性を与える、構成的なヘテロ性」を挙げる（ibid.: 156）。

（13） ムフは、デリダの脱構築のプロジェクトとヘゲモニー理論は結びついているとする。なぜなら、脱構築が決定不可能性を示すことで社会的な偶然性が表面化するとともに、その決定不可能な領域で決定するためにヘゲモニー理論が必要になるからである（ムフ 二〇〇二：四）。決定不可能性とヘゲモニー理論の関係については、Torfing（1999: 62-6）を参照。

第5章 「代表」の何が問題なのか——代表の彼方

一 代表の論じ方

政治が変化しつつあるという感覚は、それを歓迎するかどうかにかかわらず、共通のものとなってきた。この感覚は、「改革」や「チェンジ」や「維新」という標語が、政治世界の日常語として浸透したということのみに起因するわけではない。政策の一貫性、政治家の人気、政治的な展望、あるいは支持率の推移などのあらゆる政治的な要素が同時に示唆するように、政治が不安定なものであるというイメージを強めている。日本では、「五五年体制」とともに維持されてきた政治に対する硬質的なイメージは、いまや不確実な流動性に置き換えられようとしている。そして、ある政治がほかの政治と共振する傾向が強められた現代世界では、政治イメージの転換はあらゆる政治空間においてドミノ式に生じるだろうと予測することができる。

政治が不安定なものと認識される現状においては、これまでの政治空間が所与としてきた事象のなかに新たな問題を浮かび上がらせる必要性が増すことは、あらためて強調するまでもない。本章ではそのような問題群のなかから、「人民的なるもの」と「民主的なるもの」の関係性に着目し、議論のきっかけとしたい。これまで一般的には、各個人が主権者であるという人民主権原理の制度化が代議制を中軸とした民主主義体制であり、両者は理念としての代表制民主主義のもとに幸福に結合しているとみなされてきた。そして、政治をめぐる理論上の対立の主戦場は、公共の福祉を目的としたデモクラシーの構成内容と、その具体的な実現方法についてのアプローチにあった。しかし、現在問題となっているのは、原理としての人民主権と制度としての民主主義のズレである。

たとえば、シャンタル・ムフは、ヨーロッパ諸国における冷戦終結後の右翼ポピュリズムの台頭と人民主権原理との理論的なつながりに着目している。彼女の批判の標的は、右翼ポピュリズムそのものというよりも、それを助長したコンセンサス中心主義の民主主義体制（リベラル・デモクラシー）にある。彼女によれば、この体制が、「私たち」と「やつら」を分ける敵対的な次元に政治的なるものを認めない点と、「私たち」という集合的アイデンティティの形成における情念の中心的役割を把握できていない点に、ポピュリズム現象を理解することのできない原因がある（Mouffe 2005b: 51）。さらに、リベラル・デモクラシーにおいては、民主主義的理想の根幹にある人民主権についての言及がほとんどなされない。それどころか、「いまや人民主権は、時代遅れの観念と通例みなされ、人権の履行に対する障害としばしば理解されている」(ibid.)。ポピュリズムが問題とする、人民の意志や利益が現実政治に反映されない「デモクラシーの赤字」は、人民主権原理への回帰と参照なしには主張しえない(ibid.: 53)。脱政治的な民主主義体制に対して、人民主権原理を突きつけなければならない。このような政治理解においては、右翼ポピュリズムにおける「人民」の構成のされ方こそが唯一の、ただし決定的な問題なのである(ibid.: 69)[1]。

「人民的なるもの」と「民主的なるもの」とが分離してゆく政治状況において、これまで両者を接続していた「代表」(Representation)という概念について考察する必要がある。これが本章の問題提起である。ポール・ハーストが示したように、デモクラシーのふたつの顔に注目しなければならないだろう。それは、第一に選挙を通じた代表による政治機構としてのデモクラシーであり、第二に主権者としての民衆による統治としてのデモクラシーである(Hirst 1990: 29)。たしかに「デモクラシー」という言葉は、両者の緊張関係を覆い隠すとともに、民衆の役割を選挙への参加のみに限定するような「選挙独裁政」の確立に意味を置き換えてきた(ibid.: 34)。「人民的なるもの」が代表制において実現されているという論理に、代表のもつ固有の言説的な機能がある。そのため、「人民的なるもの」と「民主的なるもの」とのズレが表面化するのは、代表に対する存在論的および機能論的な批判が高まるときである。

私が問題とする「代表」は、人民主権原理と民主主義制度の接続という瞬間にある。より明確に述べれば、代表はたんなる制度ではなく、原理と制度を結びつける言説的な枠組みである(e. g. Urbinati

2005; 2006)。この語は、その瞬間をいかに理解するかに応じて、表象、反映、あるいは再現前などと翻訳されてきた。たしかに政治理論にはさまざまな代表形態があり、膨大な数の代表をめぐる問題を抱えている。たとえば、選挙によって選ばれた政治家が、自らの意志で（有権者の意志を無視して）辞職したり離党したりすることは本当に可能なのか。選挙で掲げたマニュフェストは、政権政党にとってその実現を有権者から委託されたとみなしてよいのか。選挙結果に自らの選好を反映できなかった有権者の意志は、どのようにして代表されるのか。一票の格差はどの程度まで許されるのか。あるいは、投票に参加しなかった人や参加する資格がない人を、どのように代表するのか（代表しなくてよいのか）。このような代表をめぐる問題群は、理論的な議論の俎上にのぼることなく政治空間を浮遊している。本章は、これらすべてをハッピーエンドに導くことを射程に収めてはいない。しかし、原理と制度の接続を明らかにする課題は、空論のままに留め置かれたこうした問題群を論じるための視座を提供するものと期待している。

私が問うテーマは、「代表の何が問題なのか」である。それは、これまで原理と制度の幸福な接続に寄与してきた「代表」という概念が、どのように問題化できるのかを考えることである。代表とは、一般的に、存在しないものを存在させることである。ラクラウの厳密な定義にしたがえば、代表とは「ある者が物理的には不在である場に存在するという擬制」(Laclau 1996a: 97; e. g. Ankersmit 2002: 109) である。前章でふれたように、ラクラウのいう代表は、所与の利益やアイデンティティをきちんと伝達する行為ではなく、代表する者とされる者とのあいだで、それらがまさに形成される行為である（Howarth 2008: 182）。本章では、不在の存在というこの本質的に矛盾する機能の現われが、理念としての代表制民主主義を解きほぐしてゆくことで明らかにされる。注目すべきは、代表に媒介されることでどのように主権者が現われるかという点にある。

ただし、本章の方向性はやや複雑である。一方で、代表を考えることによって、それに媒介された人民主権概念をめぐる現実政治と政治的なるものとの関係に光をあてることを企図している。他方で、そのプランを実行するためには、代表概念自体の「政治の両義性」に着目することがもっとも有効な手法であると考えている。かつてハンナ・アレントは、『革命について』のなかで代表の問題を「政治領域のまさに尊厳を決定する問題」と形容した（アレント 一九九五：三八一）。彼女の洞察が示すのは、人民を代表することが政治過程に開かれているからこそ、現実の代表のあり方が政治の価値を規定しているという事実である。

まずは、代表という茫漠とした領野に挑む本章の針路を、消去法によって限定しておこう。

第一に、ハンナ・ピトキンの古典的研究のような、代表の超歴史的な本質を帰納的に論証する手法はとらない（Pitkin 1972）[2]。しかし同時に、アンソニー・バーチによるもうひとつの古典的研究のような、意味の一元化を断念したうえで、代表をめぐる多様な関係性を示す手法もとらない（バーチ 一九七二）。一元的にせよ多元的にせよ、代表行為の性質を論じるのではなく、代表制民主主義における代表の意味のみに注目したい。

第二に、しばしば代表論は政治責任とのつながりにおいて展開されてきた。そこで問題となるのは、選挙権の適切な範囲や職業としての政治における行動規範についてである。たとえば、杉原泰雄は広義の国民代表（主権者たる国民にかわって国家権力の行使を担当するすべての公務員）と狭義の国民代表（個別的具体的な国家行為〔執行〕の基準となる一般的抽象的法規範の制定〔立法〕を担当する機関の成員）を分け、後者の政治責任を論じた（杉原　一九七七）。以下の叙述は、具体的には狭義の国民代表を議論の範囲として念頭に置きつつも、代表論の分析対象を個人から関係性にもとめている。そのうえで、広義の国民代表への代表論の広がりや、そもそもこの文脈における「国民」が誰を代表しているのかという原理を考察する。

第三に、代表制民主主義は思想史においてしばしば次善の、よりあからさまにはニセモノのデモクラシーとして批判と非難と誹謗の対象となってきた。すでにジャン・ジャック・ルソーは『社会契約論』第四編第三章において、選挙は貴族政に適しており、民主政にふさわしいのは抽選であると主張した。このルソーの言明を受け継ぎ、代表制はデモクラシーの伝統とは本来異なるものであるという枕詞が一般化している。ただし、そのような議論の多くはむしろ選挙還元主義への自己批判をみちびき、選挙と代表を自覚的に区別したうえで、代表のもつ政治的な価値を積極的に肯定することを目的とする（Urbinati 2006: 4）。これに対して本章は、代表の価値を擁護する（あるいは否定する）議論としてではなく、代表の解剖学としての立場を自認している。ジャック・ランシエールの表現をかりれば、（本来の）撞着語法としての「代表制民主主義」から（現在の）冗語法としてのそれという解釈上の変化を可能とするような、「代表」の意味を考えたい（ランシエール　二〇〇八：七四）。

そして第四に、代表論はマイノリティの政治的意志の実現および多数決原理がはらむ暴力性について議論してきた（Young 2000）。このような議論は、近代以降の政治史の背景を飾り、民主主義の制度化と「デモクラシー」という言葉の肯定的な意味転換に貢献してきた。ただし、私の関心は、意志を集約する際の代表それ自体にある。このような代表の現われは、マイノリティ問題のみならず、代表制民主主義における原理と制度のあらゆる接続の場に生成すると考える。

本章の方向性の主眼は、代表における私たちの不在を告発すること――代表をめぐる疎外論――ではなく、代表の言説を解明することにある。では、代表の何が問題なのか。

二　代表性と代表制

政治的代表をめぐる最近の議論の多くは、代表の言説と制度を区別したほうがよいと考えている。本書の言葉に置き換えるとすれば、それは代表概念における政治的なるものの次元と現実政治の次元との区別である。さまざまな政治闘争の成果によって、政治参加の機会が可視的に拡大してきた近代史においては、代表のより効果的な実現をみることができた。しかし、いまやこの協調的な近代史は暗礁に乗り上げている。受益者のかたよりや政治過程における非効率などの現代政治の欠点の多くが、代表の現状に帰せられている。たしかに、政治における代表の現状にとって、このような批判はまったく身に覚えのないものとは言い切れない。そのため、代表制民主主義を肯定するにせよ否定するにせよ、まずは代表の言説と制度を区別することで、制度の機能不全を分析することが時代の共通課題となりつつある。以下ではこの代表についてのふたつの要素を、それぞれ代表性と代表制と呼びたい。

代表はたんに代表制が存在する現実のみに、その存在理由を依存してきたわけではない。たとえば、ヨーゼフ・シュムペーターのように、デモクラシーをエリートたちによる大衆の支持と権力を獲得する競争としよう。この場合、代表という概念は投票行為の帰結のみに置き換えられ、エリートと対置された民衆は観念的にも機能的にも空虚なものとなってしまう（Vieira *et al.* 2008: 57）。少なくとも投票行為に規範主義的な要素や祝祭的な要素が読み込まれているのはたしかであり、民意の実現という参照点に依拠することで、政治過程への関心を維持している。ここに政治における「代表」が、本人に代わり物事を行なう「代理」や法的代表とは異なるという点を指摘することができるだろう。そのため、代表が厳密に制度のみに還元できるものではないことは明らかである。いいかえれば、何らかのイデオロギー的な要素が代表制に含まれているのである。ナディア・ウルビナーティによれば、政治的代表は、選挙的・形式的な代表（代表制）と仮想的・イデオロギー的な代表（代表性）というふたつの形式の「動的な綜合」である（Urbinati 2006: 33）。

以下では、代表性について中心的に考えてみたい。代表性とは、ある対象を代表できる、あるいは代表しているという性質である。本章の射程においては、人民主権を具象化するために「主権者を代表する」という性質として代表性を理解したい。このような代表性は具体的な代表制と結びつけられ、そのかぎりにおいて、政治的代表というレトリックが成立していた。形式的にも歴史的にも、寡頭政の一形態としての代表制（代議制）がデモクラシーの範疇の内側にいられるのは、あきらかに代表性の助けをかりているからである。

代表性と代表制の相違に敏感であったのは、やはりルソーである。彼によれば、ある投票数の多寡によってもたらされたある決定に対して、たとえ反対であったとしても、それにしたがわなければならない。なぜなら、すでに一般意志の生成としての社会契約が成立している以上、反対者であってもそのようなシステムには同意しているからである（『社会契約論』第四編第二章）。一般意志の構成によってすでに代表性が成立しており、投票などの具体的な政治過程としての代表制は、それと区別されている。つまり、人民による主権の形成過程における代表は肯定している。「主権者とは集合的存在にほかならないから、主権はこの集合的存在そのものによってしか代表されない」（第二編第一章）。ルソーが主権や一般意志が代表されえないと主張するのは、代表制が代表性を標榜することを認めないという意味においてである[3]。

ここで、代表性と代表制の違いをあえて強調したい。代表制民主主義の危機が叫ばれるのは、代表制の現状と代表性の言説が合致しない場合である。代表制が「選挙独裁政」であるか否かについてはおくとしても、代表の実質を審査するという役割は、歴史的に民衆に徐々に委ねられてきた。これは、代表性と代表制の整合性について、民衆が自ら判断できる可能性が拡大してきたといいかえることができる。もちろん、その背景にある、マスメディアの発達と影響力の拡大を無視することはできない。

代表する者が民衆に対して超然的であることはしだいに困難なものとなり、政治的代表は主権者の信託から代理としての性格を強めてきた。つまり、代表する者と代表される者との距離は、資質、関心、利害、あるいは言動などの点において縮減していると考えられる。この意味において、代表制民主主義はより完成度を増しているといえる。

しかし、一般的な実感はこれと正反対である。代表制民主主義の経験が蓄積されるとともに、むしろ現実政治が民衆を代表していないという感覚が先鋭化し、政治に対する不満と不安が日常化する傾向が強まってきた。代表されることへの意志の向上とそれが育成される環境の充実は、当然、代表されていない現実を浮かび上がらせることになる。そして、代表されていないという感覚が増幅する裏側では、誰が政治を司っても同じだという諦観が広がり、投票率を下落させてきた――私たちの生活に政治権力が牙をむく可能性が、むしろあらわになってきたというのに。

代表する者に対する民衆の代表性が、既存の代表制によって調達できないことが常態化している。たしかに、これは一義的には代表制民主主義における遂行上の問題である。現実の政治制度の構造と容量が、現代社会の諸課題の解決に対応できるのかという問題は切実に問われなければならない。しかし、私が問題としたいのは、このような制度の機能不全を問題として認識させるような、代表の存在論である。代表に固有の問題は、代表制民主主義の限界に先行している。代表の存在論は代表制の機能不全を生じさせるというよりも、それを常態とするようなスキャンダラスなデモクラシーを構成するものである。代表性は、代表制に対して民意の表出という説明を付与した。しかしながら民意は、個人の意志とはつねにすれ違うような、観念的で集合的な主権者の意志である。こうして代表制は、「民意が実現されていない」という不満を、つねに内包せざるをえなくなったのである。

代表への不満はたしかに、かつては代表制民主主義をより完全なものにしてゆくための駆動因であった。そして、民衆の代表される意志が強まり、代表の整合性がより高まっている現代において、現実には完全に代表されることはないという代表論のパラドクスが顕在化してきた。現在、代表制への批判と未分化のままにされているのは、代表性に対する漠然とした疑念である。ルソーの構図にしたがうならば、最初の契約の実存が疑われればじめている。代表性への疑念がもっとも明白に現われるのが、代表されるべき「民意」の分裂である。民意はいまや抽象的で没個性的なものではない。各人が共約困難なそれぞれの政治的要求を抱いている。代表制民主主義が完全なものになるにしたがい、代表されるべき意志がますます細分化される。いまなお「私的なもの」とみなされるそれらの多くは、代表制では十分に実現されていないし、されることはないだろう。さらにいえば、政治的要求の多元化は、代表制の前提となる共通了解——「もともとゲームへの参加には同意しているのだから、負けても文句をいうな」——の成立を難しくさせる。こうして民意は代表性としてではなく、代表する者を支持しあるいは批判するために使用されるような、便宜的な方便に貶められる。そして代表制が方便としての民意を独占する。

代表性としての民意が代表制の現状に移されることで、代表を政治の要素とする意義が失われはじめている。なぜなら、原理のもつ規範の拘束力が弱体化することで、制度がたんなる便宜的な——政治的な――仕組みとして認知されはじめているからである。そして、社会対立を緩和する役割を担ってきた代表制が、一般意志としての規範と同質性とが掘り崩されることで、むしろ社会対立の舞台となる。このように、代表性が代表制に吸収されることで、代表制民主主義という近代の壮大なイデオロギー的建造物は崩壊しようとしている。たしかに代表制は残るだろう。代表性という発想は生きつづけるかもしれない。しかし、代表制にもとづく政治は利益闘争の場となり、代表制民主主義という外套をもはや必要としない政治状況が迫りつつある。代表する者とされる者の距離が埋められて代表制民主主義が完成に近づくにつれて、代表の原理的な価値が剥落し、代表制と代表性の接続が困難になってきた。代表を考えるという課題は、このような現実によって提起されたものである。

ナンシー・フレイザーは、このような代表制民主主義が直面した困難に対して、代表性を正義論のひとつとして積極的に組み込むことで克服しようとしている。彼女によれば、これまで世界の様式を規定してきたケインズ主義 - ウェストファリア体制の枠組みでは、正義は経済的な分配と文化的な承認を中心的な課題としてきた。しかし今日では、その枠組み自体の自明性を問うという新たな正義論の形式、つまり、誰がそうした分配や承認に与れるかという政治的な代表についての問題が加わった(Fraser 2009: 15)。「社会的帰属の基準を設定し、そして誰が成員として計算されるかを決定することで、正義の政治的次元は別の次元の範囲を特定する。それは、誰が包摂されているのか、誰が排除されているのか、正当な分配と相互的な承認の資格を有する者の集団を示す」(ibid.: 17)。

この正義の次元を受け入れた場合、代表の失敗として認識される反正義はふたつのレベルで表出することになる。第一に、代表の枠組み内部において生じる、手続き的あるいは制度的な失敗である（代表制のレベル）。これに対してより重要なのは、第二に、政治についての境界設定そのものにおいて、ある人びとが排除されるような代表の失敗である（代表性のレベル）。後者の問題は、ケインズ主義‐ウェストファリア体制の枠組みが揺らぐことで表面化してきた。フレイザーも指摘するように、この代表の失敗に対処し既存の正義を実効的なものとするためには、そのための制度を「どのようにして」設定するかというメタ政治的な正義への参加と、「代表」が重要になる――それはもちろん、メタ政治の次元で別の新たな代表の失敗を生じさせないような「代表」の形態である（Fraser 2009: 25–7）。

民意が代表性として前提とされないということは、政治が何を代表するかが不透明になってきたことを意味する[4]。それは、代表制自体に対する不信が堆積してゆくにまかせる一方で、代表されないことへの恐怖や排他的な自己利益の実現のみを優先する反動などを生み出すかもしれない。民意が代表制の領域内へと縮減される傾向のなかで、本章は民意それ自体が成立する代表のあり方について注目したい。この課題は、民意を選挙結果に一方的に還元する風潮に対する違和感と、何らかのかたちで共鳴しているはずである。

三　代表する者と代表される者

現在目撃されている政治情勢は、将来、政治的代表の意味転換と評価される可能性がある。たんなる代表制の機能不全ということだけではなく、代表性の完全な実現が不可能であることが白日にさらされようとしている。もちろん、それによって代表制が、たとえば科挙制などの別の選抜制度に変更されるというような事態が発生するとは考えがたいものの、代表する者と代表される者との接続する論理が変更されるかもしれない。いいかえれば、人民主権という原理がいよいよ画餅と化す瞬間に立ち会うことができる可能性がある。そうなる前に、代表する者とされる者の関係性を分析することで、代表についてより深く考えてみたい。

まず代表する者について考察する。人民主権とデモクラシーの接続において、代表する者はたんなる特殊な利害の代弁者ではなかった（くりかえすが、いまそのように解釈されようとする瀬戸際にある）。ラクラウが主張するように、代表する者は利益をありのままに反映するのではなく、むしろより普遍的な言説につなげるという象徴的な役割を果たしている（ラクラウ 二〇〇二b：二八一）[5]。この場合、代表関係は、民意の普遍化を実現するための手段であるとともに、人民主権を具現化するという役割を果たしている。代表制民主主義において、代表する者は権力をもともと所有しているのではなく、人民の意志（民意）によって権力をいったん預けられたのである。クロード・ルフォールの言葉をかりれば、デモクラシーにおいて、「権力を行使する者は権力を保持しているのではない。〔……〕権力を預けられた者の権威は、人民の意志の顕示によってつくられつづけるのである」（Lefort 1988: 225）。彼は、特定の人物や機関によって人民主権が実体化されておらず、それが代表によって媒介されることで、人民の自由と多元性が保障されると考えている。代表制民主主義には、権力の排他的所有を主張できる人間や機関はない（Ankersmit 2002: 118）。代表する者は自然に存在するのではなく、彼らを代表する者として持続的に構築する人民主権の原理が代表制に先行して存在している。

そうであるとすれば、代表される者こそが代表の本質であり、彼らが代表する者を一方的に構築すると解釈できるだろうか。ラクラウはこの点についても言及している。彼によれば、代表は二重の過程を含んでいる。ひとつは、先述したような、代表される者が代表する者を選出する過程であり、もうひとつは、代表する者が代表される者のアイデンティティを構成するという過程である（Laclau 2005a: 158; Seitz 1995: 134）。後者の例として、たとえば、ポピュリズムにおける政治主体（「人民」）を構成するために代表が機能している。そこでは、「空虚なシニフィアン」としてのポピュリストが、さまざまな政治的要求の等価的な連帯を代表する。この代表の論理は、個別の要求の実現を図る（代表される者からする者へ）と同時に、全体性を構成する（代表する者からされる者へ）（Laclau 2005a: 161–3）。

結論的にいえば、政治的アイデンティティは、代表性と無関係では存在しえないのである。代表される者は自然に存在しているのではなく、代表によってつくられる（Ankersmit 2002: 115; Vieira *et al.* 2008: 143）。ラクラウによれば、「政治的代表の古典的理論〔たとえばシュムペーター、ピトキン、ロールズ、ハーバーマス〕の主な困難さは、そのほとんどが『人民』の意志を代表より以前に構成された何かとして理解する点である」（Laclau 2005a: 163-4. 強調は原文のまま）。この代表される者の構成は、代表が制度に完全には還元されないことを示している。

代表される者の存在論について、ランシエールもまた思索を深めている。彼によれば、民衆（人民）は見せかけの同一性に依拠している。

民衆とは、富であれ徳であれいかなる明確な資格ももたない人びと、それにもかかわらずそうした資格をもつ人びとと同じ自由を認められている人びと、このような人びとの不明瞭な塊＝大衆に他ならない（ランシエール 二〇〇五：二九）。

そして、「分け前なき者の分け前」という根本的な矛盾が制度化されるとき、政治が誕生する。それは民衆のなかに本来その資格のない存在を組み込んで、ともに民衆として主体化することを意味している。政治は主体化の過程としてのみ存在する。こうして、代表制民主主義の通時的な発展をみた近代の政治は、主体化操作の増加と結びついている（同前：一〇五）。よりあからさまにいってしまえば、「デモクラシーが存在するのは、〔分け前をめぐる〕係争が、〔民衆に〕同一化されない主体によって、民衆の表出という場面で行われる場合である」（同前：一六八）。デモクラシーは、主権者の見せかけの同一性を構成することを目的とした政治制度である。そして、「分け前なき者の分け前」を全体性として民衆の名において持続的に代表することによって、民衆が主体化されているのである。[6]

代表する者と代表される者は、ともに代表という行為によって構成され、その構成にこそ民主政治がある。そのため代表は、代表される者が一方的に吸収されるような受動的なプロセスではない。代表制民主主義から離れて、代表する者と代表される者がアプリオリに存在しているわけではないのである。このような政治的な概念としての代表制民主主義の成立は、ラクラウが指摘するように、主体が代表過程から逃れられなくなり、「いかに代表されているか」が政治闘争の中心的な問題となることを意味している（Laclau 1996a: 99）。[7] また、アン・フィリプスは、「何を代表するか」にもとづいた「観念の政治」に対して、「誰を代表するか」を対象とした「現われの政治」を、排除に抵抗してより公正な代表を実現する構想として提起する（Phillips 1995: 5）。「現われの政治」がもとめるのは、平等な政治参加の実現のみならず、それを発展させた実効的な代表の形式である。

さらに、ラッセ・トマセンによれば、代表を超えることは不可能であるし、その必要もない。何かをつくりだす行為遂行性と何かを代替する引用性というふたつの対立する性質を代表が内包しており、そのため代表は、これらに規定された決定不可能性を特長としている（Thomassen 2007: 117）。トマセンの指摘は、代表が主体を構成する持続的な過程であることを示している。そこで重要なのは、代表を放棄してしまうことではなくて、代表との関係においていかにしてアイデンティティが構成されているかを分析することである（ibid.: 122）[8]。

すでに述べたとおり、代表制民主主義は、代表する者が代表される者をすべて代表できないことがあらかじめ想定されているという点で、けっして実現することのない政治様式である。ただし、その欠陥を代表する者の力量不足――代表する者の〈民主化〉の帰結――に還元することはできない。もちろんここでの目的は、職業政治家たちを免罪しようとすることではなく、代表の不足を生じさせるような代表制民主主義の特質を論じることである。代表の不足を理由に代表する者を批判することは、代表制民主主義における代表される者の不在という性質上、不可避的な過程である。ラクラウによれば、代表することと代表されることをめぐる原初的なズレは、代表を可能にすると同時に不可能にするものである（Laclau 1996a: 98, 2005c: 257-8; Thomassen 2007: 123）。代表する者と代表される者の構成的な距離がなければ代表は成立しないが、その距離こそが、代表される者が完全に代表されてしまうことを阻害している。

もし、代表する者と代表される者が完全に同じなら、代表の必要性はなく、為政者を無作為に選んでも問題はない。同一化が望まれながらもけっして同一化することのない代表する者とされる者との、フランク・アンカースミットの表現を用いるなら、「美学的なズレ」が代表制民主主義を可能にしている（Ankersmit 2002: 117）[9]。（たとえばカール・シュミットのように）もし代表におけるズレを完全なデモクラシーによって埋めてしまったら、いかなる特殊な政治的要求の存在も許さないような独裁に近づくことになるだろう。

手元に残されたのは、代表される者を完全に満足させることが不可能な政治過程を、いかに少しでも満足させる方向性に導くかという終わりのない課題である。そしていまや、本質的な不満足という代表制民主主義に固着した不毛な文法で政治を語ることをやめてしまおうという提案が、それなりに受け入れられつつある。しかし、同時にこの方向性は、終焉なき政治への感覚を自ら麻痺させるものでもある。代表する者と代表される者を同時につくりだす政治を放棄することは、主権者が制御することができないような管理者に身を委ねることになってしまう。

これまで確認してきたのは、政治から代表を切り離すことができないということである。いや、むしろ代表する者と代表される者の関係性の形成と実現にこそ、政治が存在している。国家は民衆の政治的統一の状態であると主張したシュミットは、この点に敏感に気づいていた。この政治的統一性を形成するふたつの方向性が、国民としての同一性と主権者による代表である。これらは相互に排除し合うのではなく、同じ目的を目指した「ふたつの対立する指向点」にすぎない（シュミット 一九七四：二四〇）。絶対的な主権者による代表は、「政治的状態としての人民の統一体」を実現する（同前：二五〇）[10]。たしかに、排除をともなった同一性と代表の接続様式および主権国家の絶対化については、批判的に分析がなされなければならない。宇野重規は、代表制に固有の意義を与えてきたあいまいさ（たとえば代表する者とされる者の原初的なズレなど）を暴力的に廃棄し、同一性のもとに代表を純粋化してしまったことで、シュミットの理論は大統領の独裁と喝采によるデモクラシーを招いたとする（宇野 二〇〇一：三〇）。

もちろん、ここでは代表する者による民意の反映形式の分類ではなく、さまざまな反映形式の解釈を可能にする代表の政治的な性質を問題にしている。ウルビナーティは、代表が政治的であるとともに、それが事実上主権の存在を可能にしていると指摘する。代表は、たんなる選挙による権威に回収されることのない「主権者を持続的に機能させつづける能力」を有している（Urbinati 2006: 5）。そのかぎりにおいて、代表は構成的権力と構成された権力（主権）を弁証法的に統合するとともに、その権力を政治的な対象とする契機となっているのである（Lindahl 2003: 97-8, 108）。

要約すれば、人民主権の現実化という目的において、代表は欠かすことのできない論理を担っている。代表によって、代表する者と代表される者とが存在可能となるだけにとどまらず、代表される者の統合的な意志を公的な制度に組み込むことができる。人民の代表性の持続により、（それが好ましいかどうかは別にして）代表制は人民主権原理を実現するものとしての意味を与えられている。

歴史的にみれば、政治闘争の多くは、既存の代表性および代表制に対する反発から生じ、別の代表によってそれらを取り換えることを目的としてきた。民衆による主権の自己言及を可能にする代表形式の変更として誕生した代表制民主主義は、参政権の拡大に象徴される代表内容の変更を経験した。既存の代表過程そのものを破壊してしまおうとする政治運動においてさえ、代表は、実現するための目標として、運動を陶冶する論理として、そしてニセの代表を告発する基準として、影響力を行使してきた。そしてなにより重要なのは、先述したウルビナーティの言葉にしたがえば、代表こそ主権者を概念的に意味のあるものとして擁護する。代表は政治的な過程のひとつの形式であり、それは代表を特定の選挙結果に還元したり、主権を特定の意志に還元したりすることへの批判を導く。そのため主権は、「代表によってもたらされる政治的行為のすべての連続体」との関係において、見つけられるべきである（Urbinati 2005: 199, 211）。

過程としての代表は、これまでと同様に、主権および主権者を構成しつづけることになる。さらにいえば、このような代表の機能を主権の循環性と安易に合流させないことが、私たちの政治における重要な争点となるだろう。次節ではこの点を念頭に置きながら、代表とデモクラシーという古典的なテーマを再考してみたい。

四　直接民主制と間接民主制

これまで「代表の何が問題なのか」という疑問を念頭に置いて、代表の現われを論じてきた。この試みは代表をめぐる出発点へと議論をふたたび導くものであった。不在を存在させる擬制としての代表において、不在とされた代表される者はほんとうに不在——分け前がない——だったのである。代表する者と代表される者はともに、代表においてのみ成立する存在である。いいかえれば、（代表する者による）代表と（その背後に列をなした主権者たちの）存在との本質主義的な等価交換を想定することはあやまりである（Urbinati 2006: 5）。代表は主体の内なる不平等をコーティングしながら、代表性と代表制を架橋している。こうして、人民主権は具体的な制度によって反映されてきた。

これまで代表制民主主義の中心的な問題は、「ちゃんと代表されているかどうか」であった。それは代表の実質や機能に対する問題である。たしかにこの問題は、代表制民主主義の歴史的な発展と世論の政治的影響力の拡大に寄与してきた、根本的な政治的課題のひとつである。しかし、代表性に対する懐疑は、代表の程度から代表のあり方へと問題の焦点を移行させる。「そもそも代表は可能なのか」という疑問が呼び起こされることで、人民主権原理と民主主義制度とを接続していた代表の擬制が消え去ってしまう。代表される者としか存在しえなかった主権者の統合的な意志は解体され、選挙の原理的な説明は放棄されるとともに、個別の政治的決定はたんなるパワーゲームの所産となる。つまり、代表政治においては、代表の存在論が問われること自体が問題なのである。以下では、このように明らかになった代表の存在論を、民主主義制度との関係からさらに考察したい。

直接民主制か間接民主制のどちらが優先されるべきなのか。この古典的な問いがすでに代表論の対象ではなくなりつつあるということは、これまでの議論によって明らかだろう。ただし、この結論を尊重しながらも、これまでの議論の成果を確認するために、この古典的な問いをあえて切り口としたい。直接参加と自治を中心とした民衆の自己統治の形態としての直接民主制は、代表者による委任統治的な寡頭政の一形態としての間接民主制に優越すると、しばしば論じられてきた。たしかに直接民主制だけに立脚した国家はいまや存在しないものの、住民投票、条例制定の直接請求（イニシアティブ）、あるいはタウンミーティングなどの直接民主制に依拠した諸制度は部分的に導入されている。

そして、これらがデモクラシーをより完成へと導く手段なのか、それとも為政者による政治的操作の尖兵なのかという原理上のせめぎ合いが、現在の政治空間の中心を占めていることはしだいに認知されてきた。反面、規模と時間という観点において、間接民主制は絶対的な優位をこれまで維持してきたし、それは高度に情報化された現代社会においてもほとんど揺らいでいない。それゆえ、間接民主制の優位を認めたうえで、直接民主制の実行可能な要素を順次とりいれてゆくという微温的な解決策は、それなりの支持と説得力を獲得してきた。

本章が参照してきた現代の代表論の多くは、必ずしも代表制と間接民主制を互換的にはとらえていない。それらは、代表制は複雑化した社会を支えるためのたんなる没価値的で便宜的な手段としてではなく、代表制に代表性が含意されているのを認めることによって積極的にそれを擁護しようとしている。たとえば、ベルナール・マナンは、代表制はたんなる間接民主制ではなく、人民の意志を反映することに意味があるとする。代表制民主主義は、本来民主主義的であった要素と歴史的には民主主義的ではなかった要素をつなげたものである（Manin 1997: 237）。たしかに間接民主制は、支配者と被支配者の一致および個人の決定と公的な決定の接続という、デモクラシーの基本的な条件から逸脱している。そこで、代表という観念によって、デモクラシーから分離してしまうかもしれない間接民主制をその領野内に係留しているのである。間接民主制をデモクラシーと読み替える近代的な手法は、代表性という要素を維持することで説明されてきた。間接民主制の利点を強調する立場は、それが代表制民主主義として機能しているかぎり、唯一可能な現実的な選択肢として評価している[11]。

他方で、直接民主制への信奉も根強い。すでに言及したようにトーミーは、代表する行為がはらむ暴力的な差異の抑圧に対抗して、それに回収されない単独性の意義を強調する（Tormey 2006; 本章註〔8〕）。

人民（The People）は統治する者に代表される。ただし、ドゥルーズ＝ガタリ主義的な理解によれば、人民の形態は、「多数派」「国民」あるいは「若者」のような、「受動的な集合」や「可付番集合」である。つまりこれらは、問題となる「モノ」を「構成する」人についての具体的な見解への言及のない行為を、レトリック的に正当化するために配された集合的なカテゴリーである。「人民がもとめるモノ」は、「人びと」（*people*）がもとめるモノではなく、むしろだれかが人民がもとめると考えたモノである。それは人民の興味を「代表する者」がもとめるモノである（Tormey 2006: 144）。

トーミーの立場は代表と単独性の二元論を維持したまま、単独性によって代表を克服しようとするものである。これに対して、私は代表を超えられないという立場から、この二元論を批判的に検討してきた。それは、代表の克服というトーミーの目的ではなく、それを実現するための議論の方向性を問題にしている。この点をさらに考えてみたい。

直接民主制と間接民主制の関係性について暫定的に（そしてもっとも微温的な）評価を下すならば、

両者は出自と機能においてまったく異なるものの、現代の代表制民主主義の状況下ではともに重要であるといえる。そのうえで、ウルビナーティは、たんに参加の積極性ではなく、参加の意味の相違に注目する。直接民主制の立法過程が共時的であるのに対し、（代表制を受け入れた）間接民主制は通時的であり、その投票には信託という意味を含んでいる（Urbinati 2000: 767）。

アイリス・ヤングによれば、代表は時間の推移を含んだ過程として理解されるべきである（Young 2000: 129）。代表制は、議論と決定の分離を時間的にかつ空間的に可能とし、そこに主権者の名による吟味を介在させる。ただし、代表性という観点からすれば、直接民主制と間接民主制の区別はあいまいである。それは、両者の区別が政治的なものであることを示している。何らかの集合的な意志という意味での代表が政治過程から切り離されないかぎり、この区別はあいまいのままである。たとえ直接民主制であっても、少数派は集合的な意志を擁した多数派の決定に従わなければならないのは自明である。そして、どちらを（あるいはどちらも）政治制度として受け入れるかには絶対的な基準は存在せず、そのときどきの社会的背景に依拠した選好に応じているといわざるをえない。ふたたびヤングの言葉をかりれば、一般的に代表と参加は対立するとされてきたものの、どの政治的な単位においても代表から逃れられないし、またそれは参加の契機を含んでいる（ibid.: 124–5; Vieira *et al.* 2008: 125–6）。

代表という観点において、直接民主制と間接民主制は互いを排除するような対概念ではない。だからこそ、直接か間接かではなく、直接も間接もでもなく、代表をより効果的に実現する政治形態が重要になる。サイモン・クリッチリーによれば、政治とはつねに名付けである。政治の目的は、さまざまな社会闘争から、政治主体が集合できる名前を発明することである（Critchley 2007: 103）。そして真のデモクラシーは、さまざまな社会的な要素をひとつの共通の戦線あるいは集合的な意志へと節合することである（ibid.: 118）。代表が民主的か非民主的かと問う以前になすべきことがある。それは、どのような名前によって「私たち」を構成するかである。代表は私たちに対して差異を可能にするのか、あるいは同一性を可能にするのか。または、代表は私たちを包摂するのか、あるいは排除するのか。代表を評価することを困難なものとしているのは、その本質的に政治的な性質である。だからこそ、代表を肯定するにせよ否定するにせよ、何らかの正統性を主張しなければならない。そのような正統性は、いまのところは「人民」以外には思いつかない。それは私たちが代表と名付けの政治にとらわれていることを意味している。前章で触れた「ポピュリズムなき人民的なるもの」が意味するのは、私たちが依拠する人民という属性を構成するような持続的な政治様式である。

間の抜けた注意を喚起しておくと、政治に対する代表の規定性を論じることは、私たちが一方的に代表されることを従順に受け入れるべきだと主張することではない。むしろ、代表を批判し、代表の外部を発見し、代表の危機を救済し、そして現在代表制と呼ばれている現実政治のあり方と人民主権原理の整合性を問題化するために、代表を考えてきた。代表が代表される者の差異化と同質化を同時に内包しているように、代表を否定することと肯定することは、ともになされなければならない。それは、私たちの名のものになされた行為を、私たちの名において評価することである。

この両義的な政治行為がもっとも必要とされる分野のひとつが、国家による代表関係の制限についての分析である。ウィリアム・コノリーは、競争的な選挙がなされ国策の優先順位が変更できる場合にこそ、政治の究極的な担い手としての国家の正統性がもっとも高まると述べる（Connolly 2002: 201）。たしかに、国家という媒体なくしては、代表とデモクラシーが接続できなかったという現実は直視されなければならないだろう。代表される者という観念の中身は、集合的な情念であるとともに、国家権力によって供給されつづけてきた。そのため、国家の境界線を越えて代表制民主主義の可能性を論じることは、かなり冒険的な試みである。それは、一方で、代表とデモクラシーの幸福な接続を引き裂く契機になるかもしれないし、他方で、いまだ定義する力を寡占している国家によって代表の外部へ追い込まれてしまうかもしれない。後者は、主権国家が提供してきた人権および市民権が適用されない空間に、主体を丸裸で置き去りにすることを意味している。

　だからこそ、代表を政治的な概念として維持してゆくことが必要なのである。代表の形成として政治を描いたクリッチリーは、政治が国家と区別されるべきであり、さらにその区別をつくりだす実践であるとみなしている（Critchley 2007: 112–4）。政治は新たな政治主体を構成しながら、国家の範疇を超えてゆくはずである。両義的な政治行為に参加することによって代表を維持してゆくことは、たしかに困難である。しかし代表を放棄してしまうと、人民主権をも放棄することになる（e. g. Seitz 1995: 157）。それは、結果的に、代表される者に対する代表する者の政治責任を解消することになってしまう。代表に依拠しながら代表を批判するという政治感覚が、代表する者とされる者の距離が埋められてゆく政治情勢のなかで、これまで以上にもとめられている。

五　代表の罪

代表することはモノを反映することではない。モノは不在であり、代表過程によって事後的に構成されることで、存在させられる。代表されるべき唯一の人民の意志などは存在しないのである。本章では、大文字の「人民」やマスメディアに溢れた民意が偽物で、その背後には本物が拘禁されながら控えているという理解ではなく、表象化の過程それ自体が私たちの政治の舞台であるという認識を示してきた。いっさいの権力から解放された無菌的な主権者は不在であり、主権者は現実的に生成するものであるという意味において、人民主権は代表という契機を内に含んでいる。すでに述べてきたように、代表は、(代表する者がされる者を)完全に代表できないことによって成立するような不完全で不公正な関係である。たしかにそれは、代表のもつ原初的な罪である。しかし、代表性と代表制を統合するという終焉のない過程を維持することが、そして現実の代表制を私たちの意志において改変してゆくことが、代表概念が生きながらえることを可能にしている。

このように代表を理解した場合、それは鏡にたとえることができる。「代表は抽象的個人の集合でも、集団の形成された利益の表現でもない。〔……〕代表は、特定の集団が自らのアイデンティティや必要性を理解し節合するための鏡である」(Brütsch 2005: 188)。鏡に隔てられたこちら側とあちら側はけっして交わることがない。代表する者とされる者は、どちらか一方に還元されることなく、相互に構成されている。特定の公務員を選出する仕組みという意味での代表制は、これからも存在するだろう。有権者の意志にもとづいて、さまざまな手続きを経て代表する者が選出される。ただし、選出された者を代表する者へと還元することを可能とするのは、代表性である。私たちが主権者であることは、代表によって、制度や公的な決定に私たちの意志が媒介されていると説明されることによって成立している。

しかし、鏡に写った自分の姿をそのまま受け入れてはいけない。なぜなら、その姿は必ずほんとうの私たちとは異なるからである。「ほんとうの」という言い方がナイーブに聞こえるのであれば、それを代表の構成的外部といいかえてもよいだろう。けっして成立しない代表関係は、「代表」が本質的に論争的な政治的な概念であることを示している。政治的代表は固有の意味をもっているわけではない。たとえば、代表する者の権限、代表できる範囲と程度、あるいは代表に包摂される対象は確定しているわけではない。つまり、代表する者と代表される者の接続を実現する形式は、まさにその瞬間の政治状況に賭けられている。代表を「政治の両義性」において位置づけてゆくこと。それは、いま直面している代表制民主主義に目的を与え、要求を入力するうえで欠かすことができない。

政治権力から切り離されないために、自分がいかに代表されるかについて、判断と参加の多元化が必要である。アレントに依拠しながら齋藤純一は、自己と他者を含む各人が政治的存在者としての遇された「現われの政治」を、内と外を分けることで他者を形象化する「表象の政治」に対置する。現われの空間では、「誰か」としてのアイデンティティの生起を阻害する表象（代表）の機制が排されるのである（齋藤 二〇〇八：六九－七六）。ただし、本章の考察によれば、現われと表象（代表）はゼロサム関係にあるのではなく、現われは表象の影から自由になることができない[12]。だからこそ、現われが重要なのである。アイデンティティの排除と本質化に抗して、現われによって表象を何度でも壊すこと。ここに再現前するものとしての私たちの政治がある。

この政治的展望においては、代表に抵抗することと代表を構成することとは同じ意味をもつ。人民という名付けは、ある瞬間の代表様式に一元的に決定されるのではない。それは、時間においても空間においてもである。代表への抵抗＝構成の持続とその回路の複数性が、人民主権と民主主義の接続を強化する。はたして、代表を一方的に肯定するでもなく否定するでもない、しかし代表をたえず問題化しつづけなければならないという隘路を行く以外の選択肢は、残されていないのだろうか。

註記

（1）本書ではこれ以上踏み込まないが、「人民的なるもの」と「民主的なるもの」とは本来互いに性質が異なるものであると理解することもできる。たとえば、エルネスト・ラクラウは、支配と被支配に二分化された対立様式に前者を、そして差異を等価的に節合する過程に後者の性質を見いだしている。そして両者の「割れ目」は、さまざまなタイプの言説的節合を可能にしている（Laclau 1980: 92-3）。

（2）ピトキンの議論の欠点として、代表をめぐる知者と無知の者という単純な二分法を前提としている点と象徴的代表の影響力を過小評価している点を指摘する研究として、Baker（2006: 159）を参照。デイヴィッド・ランチマンは、代表における不在の実在というパラドクス的な性質をピトキンが無視していると述べる（Runciman 2007: 93）。ピトキンの議論に影響を受けた、代表論の体系的な邦語論文として、小川（一九八六－八九）を参照。

（3）宇野重規によれば、ルソーは「人民の一体性」という観念をバークと共有している。ただし、ルソーの意図は、主権者を代表すると標榜する議会に対して、主権者としての人民の存在によって批判することである（宇野 二〇〇一：一九）。ルソーが代表そのものではなく主権の委託を否定し、そのかぎりにおいて選挙や議会制度や否定していない点については、Urbinati（2005: 202-7）を参照。ケヴィン・インストンは、ルソーが一見人民主権論と矛盾するような立法者を登場させることで、人民を人民として代表することが可能になったと論じる。なおインストンは、こうした代表されざる者を代表する政治的な論理の現代の形式として、ラクラウによるヘゲモニー理論を指摘する（Inston 2010）。ルソーの立法者が含む民主主義的な価値を評価する議論として、Honig（2007）、Näsström（2007）を参照。

（4）政治に代表されるべき民意が分裂してきた現状は、政治過程の複雑化とも対応していると考えられる。たとえば、政党、審議会、ＮＧＯ、地域連合、あるいは国際機関などが誰の意志を代表しているのかを明確にすることは難しい問題である。民意と民意が衝突する機会が増えることによって、代表性という論理自体も変更を迫られている。

（5）ラクラウ理論における代表概念については、Torfing（1999: 183-6）を参照。

（6）ギデオン・ベイカーは、フーコーの権力論に依拠しつつ、代表が主体の再生産に寄与している点に論及する（Baker 2006）。ブライアン・シーツは、代表における権力が、垂直的ではなく、拡散的である点を指摘する。そして代表する者とされる者を同時に構成する代表は、権力の多元的な過程とみなす（Seitz 1995: 134）。

（7）ピトキン以下の多くの代表論は、人びとによる絶対的な主権者への授権にというホッブズの論理に、近代政治における代表の誕生を指摘する（Pitkin 1972）。しかし、クエンティン・スキナーはホッブズの代表論は、当時の議会派の代表論を継承するものであったと強調する（Skinner 2005）。

（8）トマセンの（デリダ主義的な）議論は、サイモン・トーミーの（ドゥルーズ主義的な）代表批判（Tormey 2006）への応答である。私見によれば、トーミーによる直接行動と同質化を志向する代表との対置は、トマセンの決定不可能性にもとづく代表論と問題にしている代表の次元が異なっている。

（9）完全な代表は不可能であることが代表を可能にしているというパラドクスについては、Manin（1997: 174-5）、Runciman（2007: 103）を参照。

（10）シュミットは、超越的理念を超越性を損なうことなく具現化する力として代表を描き出す。この点については、中金（二〇〇〇：二一一－四）を参照。

（11）たとえばジョフリー・ブレナンらは、有権者は合理的ではあるが政策には無知であるために、人を選択する間接民主制のほうが直接民主制よりも優れていると評価する（Brennan *et al.* 1999）。

（12）代表制が政治に支配関係を導入することで民衆の権力を奪ってしまうとするアレントの立場に対して、カリ・パローネンは政治を縮減していると批判する。パローネンのヴェーバー主義的観点からすれば、日々の政治闘争を無視して政治を理想型に押し込めることで、アレントは代表を論じる意味を無化している（Palonen 2008）。

終章　目的なき人民主権の目的

民主政と貴族政においては、市民たちは群衆であり、議会は人民である。また君主政においては、臣民たちは群衆であり、（逆説的にではあるが）王は人民である。

——ホッブズ『市民論』

ロビンソンが彼の島の主権者であったように、アダムがただ一人の住人であった限り、世界の主権者であったことは自明である。そしてこの王国において好都合だったことは、王は、王座の上に腰をおちつけて、反乱も戦争も陰謀者もおそれる必要がなかったということである。

——ルソー『社会契約論』

主義とは何か。主義とは一種の思想であり、信念であり、力である。いったい人間が、あることについて、そこにふくまれる道理を研究すると、まず思想が発生するものである。そして、その思想がはっきりしてくると、信念が生じ、信念ができると力が生まれてくる。だから、主義とはまず思想から信念に至り、つぎにその信念から力が生まれて、そこで完全に成立するものなのである。

——孫文『三民主義』

一　人民主権は存在するか

これまで私たちは人民主権概念を考えてきた。人民主権が関係する他の政治的な概念（主権・主権者・ポピュリズム・代表）との対話を重ねながら、人民主権概念を考えてきた。本書が目指したのは、人民主権を遺漏なく定義することではない。人民主権を定義することには脇目も振らず、人民主権が意味するものを嗅ぎわけるようにして論じてきた。かえってそれが、私たちの政治を困難な立場に追い込んでしまったかもしれない。

この終章は、これまで各章で散らかしてきた人民主権の破片を拾い集めることを目的としている。人民主権の要素を見つけ出す作業から手を引くことにしよう。もちろん、それが完了したからではない。その完了が不可能であることが明らかになった時点で、いったん歩みを止めることにする――その先には人民主権の本質はない。ここに、政治的な概念の本質的な論争性にこれ以上つき合うことができないことを、人民主権概念に敬意を払いながら、勇気をもって宣言したい。まず本節では、どのような意味において人民主権が存在しているのかについて論じる。そして、次節および最終節では、あらためて「私たち」について再帰的に考えてみたい。

本書は人民主権についての偶像を破壊することに努めてきた。人民主権は、物理的な意味における権力論や具体的な制度や手続きの形象というよりも、主体が権力と接続する言説的な形式である。それは法的な秩序や政治制度に完全に還元されるわけではなく、その外側にあって現実政治を対象化する主体の位置の基礎となる原理である。

人民主権は、主権者としての「人民」を持続的に決定する自己言及的な政治の形式でありながら、同時にその決定から逃れようとする反復的な実践の原理である。主権にもとづいた政治的決定は主権者の主体化を、条件を与えるという意味で可能にするとともに、その条件によってそれを限定するという意味で不可能にする。人民が主権の循環性の外側に起源があり、完全に実体化されないという点において、人民主権は制度化不可能な原理でありつづける——人民主権は政治的なるものの次元から解放されない。そして人民主権がイデオロギー化することの抑止に、あるいは、自らの主体化を主権者の立場から永続的に脱構築する実践に、まさに人民主権の存在が懸けられているのである。人民主権原理において、序章で言及した政治的なるものの性質に対するアレント的＝結社的理解とシュミット的＝反結社的理解とが共存可能となるのである(1)。

しかし、このような人民主権は、主権や代表やポピュリズムに無残に裏切られる物語を、何ら学ぶことなくくりかえしてきた。この悲劇は——そこに透けて見える政治の可能性ともども——次節以降で反省をふまえて論及したい。ここで問題としたいのは、人民主権がふだんは忘れられているにもかかわらず、現実政治と政治的なるものが遮断されるような政治的危機に際してにわかに対象化され、しかも不相応で過度な期待をかけられるということである。

たんなる忘却ならまだよかったかもしれない。人民主権にとって悲惨なのは、必要なときだけ持ち出されるような、都合のよい観念として使用されてきたことである。さらに、そのような不意の言及は、人民主権を恣意的な特定の形象で切り取る。この意味において人民主権は危機とともに現われる。このような都合のよい関係を長年許してきたために、人民主権がひとつのイデオロギーにすぎないという誤解が、もはや取り返しのつかないほど、広く世界に蔓延してしまった。この共通認識を揺るがすためにも、そして人民主権の名誉を晴らすためにも、危機における人民主権の現われに目を配りながらその存在論について考えてみたい。

代表における危機を切り口としよう。前章で考察したように、たしかに代表は、完全に代表されないことが前提となるような不誠実な概念であった。しかし、代表する者と代表される者の互換的な接続が、選挙などの公的制度において反映されていると承認されてきた。代表における非対称的な権力関係がもつ根本的な制約はつねに問題化されなければならないものの、代表なくしては主権者が概念として成立しない。だからこそ、代表を政治的な概念として理解する意義を強調してきたのである。

代表の危機は、代表制における機能不全――たとえば、投票率の低下、選挙区の恣意的な区割り、一票当たりの格差、人材や選択肢の枯渇、政治家の有権者に対する裏切り、外国籍住民の排除――のみを意味しているのではない。このような諸課題を生み出すような、代表性の衰退を含意している。たしかに、代表するべき対象とその帰結とされた現状とのズレは、歴史的にしばしば登場してきた。かつてこのような代表性の危機は、政治空間の内部を充塡する同質性の言説を変容させ、新たな代表性をつくりだすことで乗り越えられてきた。

ただし、現代社会が直面している、政治的要求の増殖と既存の政治過程における代表機能との摩擦の増大は、なにより「代表」にとって、より深刻だといえるかもしれない。このような事態に対し、代表する者がこれら諸要求を集約できないことが代表性の危機の直接的な契機となる。これは同時に、代表性の前提であった同質性が揺らぎ、その内側に限定されていた政治的なるものが、既存の政治概念の枠組みを打ち破って社会に蔓延することを意味する。その結果、要求は社会のあらゆる領域で限度なく、そして脈絡なく生成される。そしてついに要求が飽和する。こうして代表される者は、代表する者が自らの要求を十全に代表していないことにいっそう不満を抱くようになる。現実政治における代表には、私たちの要求が欠如していると同時に、私たちではない誰かの要求が超過しているとみなされる。そして最終的には、代表する者と代表される者との対立状況が発生する。代表の危機とは、政治的なるものが共有していた同質性の解体と、それと密接に関係する、代表する者と代表される者のあいだにおける代表の超過と欠如による振幅の拡大とによってもたらされるのである。

このように代表（性）の危機を認識する場合、それは国民国家の揺らぎと軌を一にしていることが理解できるだろう。歴史的にみれば、国民という概念は、「想像の共同体」であるとともに、同時に代表する者および代表される者をひとつに包含する集合体であった。またそれは、「主権者」を語ることの意義を制度的にかつ感性的に支えていた。そのため実質的には、この概念が政治的なるものの同質性の実体として機能してきた。広義のグローバリゼーションの進展によってこの同質性が喪失するならば、代表制民主主義の基盤を提供してきた国民国家の象徴的な構造も、同じく危機に陥るだろう。
このような代表の危機は、エルネスト・ラクラウのいう「実際の存在」と「存在の十全性」（存在が代表された形態）の双方において生じる（Laclau 2005c）。前者については、代表制民主主義のなかにおいて、あらゆる意味での移動と交換が増加し、そして利益集団や中間団体の凝集力が弱体化してゆくなかで、代表されるべき基礎単位が想定できなくなってきた。また後者に関しては、社会的諸関係の流動化およびその政治化、それにともなう自律的な近代的個人の観念的な破綻により、代表が対象を完全に代表しているという前提が、しだいに受け入れられなくなる。この帰結として、たとえば同質的な国民概念そのものが、存在的にも存在論的にも、しだいに求心力を弱めてゆく――ただし、同時にこの変容は、新たなヘテロ的で恣意的な国民概念の再生産の過程のなかに存在しているのであるが。政治における敵対性が社会のあらゆる場所で顕著になることで、万人が万人の敵であるような、そして個人は自らのためだけに戦わなければならないような、政治情勢が醸成されている。このような情勢は、個人を政治権力につなぐ媒体という意味での市民社会が衰退していることを意味している。[2]
この複合的な危機の連鎖のひとつの帰結が、既存の代表を超える代表としてのポピュリズムの登場である。代表する者が代表される者を十分に代表できないとき、ポピュリストはその可塑的な性質によって、増殖した敵対性を、あるいは政治的なるものの現出とそれにともなう要求を包容しようとする。そしてこの新たな代表の形式は、既存の公私区分や地域性などの境界線を越える。敵対性の増大にともなうあらゆるコミュニティの凝集性の弱体化によって剥き出しとなった諸個人とその要求は、それぞれを節合することによって、新しい凝集体を構成する。このような本質的にヘテロ的な普遍性に立脚する凝集体こそが、ポピュリズムの産物としての人民である。

あきらかにポピュリズムはすべての要求を実現するわけではないが、政治的なるものの増殖と自らの対象範囲を同じくすることで、人民からの支持と同一性を吸収する。その意味では、ポピュリズムは、代表を超える代表のみならず、既存のコミュニティを超えるような、場所なき新たなコミュニティの構成であるともいえる。こうしてポピュリズムとは、主体形成の一形式として理解されるべきであろう。しかもそれは、多元化した要求を代表しようとする真摯な態度において、代表制民主主義のいわばある種の最終形態として登場するのである。

このように考えてくると、現代の政治家たちが、なぜ代表されるべき者の政治的要求を汲み取れなくなってきたかが明らかとなる。それは、彼らの多くが二世議員で世事に疎いから、ではない。もちろん代表する者の選出過程の硬直化は、代表される者との隔絶のひとつの有力な理由ではある。しかし、むしろその根本的な理由は、要求の多元化により政治的争点が不明瞭となり、逆説的に各政党や代表する者たちの方向性が近似してきたことによる。このようなオルタナティブの消失が、いっそうの既存の代表性に対する不信をうながすことになる。それは同時に、ポピュリズムが出現する条件でもある。

ポピュリズムは、たしかに一面では普遍的な人民の発見でもある。境界線を超克するという意味で普遍的なポピュリスト的代表は、普遍的な人民によって構成される。政治的なるものを現実政治へとつなぐ回路は、境界線を越えるポピュリズムによって拡張される。この傾向は、国民国家が福祉機能を低下させ、むしろ生命維持装置——それはしばしば暴力装置と化す——としての骨格を剥き出しにしつつある統治体の容貌に反映されている。このとき政治権力は、生活空間に拡散した政治的なるものを次から次へと回収して、自らの管理下に置いてゆく。そのため微視的で複合的な統治のメカニズムが、その全貌を隠したままに形成されることとなる。相互に矛盾するものをまるごと包摂することを可能にするような、人民の生成以外に固有の言説をもたないポピュリズムは、政治権力の本源性それ自体を明瞭にする。こうして現代の政治情勢において、自らの生命を保全するために権力行使を絶対的でカリスマ的な代表者に委ねるという、代表制民主主義におけるきわめて原-政治的な骨格が浮かび上がることになる。

現実政治と政治的なるものの乖離が常態化し、それを接続する唯一の術としてポピュリズムが政治の基本的な文法となった状況下において、デモクラシーを語ることはもはや罪なのかもしれない——とりわけその徹底をもとめるラディカル・デモクラシーについては。ラディカル・デモクラシー論を主題とした論集のなかで、ジョン・シモンズは、ラディカル・デモクラシーの政治主体である人民が差異から構成されるという点について、ふたつの特質を指摘する。それらは、「人民」が特定の主体に還元されないことと、その人民が統治主体と被統治主体をともに含むこと、である（Simmons 2005: 152）。

デモクラシーがラディカルである条件に、これらの政治主体の特質が含まれることに異論をとなえる理由はない。だが、むしろより注目すべきは、まさにこのふたつの特質が、ポピュリズムの条件とまったく合致するということである。ポピュリズムは差異化してゆく人民を包摂し、その代表する者は人民の多様な要望／容貌を映し出す。ラディカル・デモクラシーとポピュリズムの近さは、すでにラクラウも認識している。「このラディカリズムの新しい意味において、デモクラシーは、新しい歴史的行為者としての『人民』――大衆――の構成と同義である。この意味で、もしこの用語が通常結びつけられているような軽蔑的な含意を除くならば、ラディカル・デモクラシーはつねに『ポピュリズム的』である」（Laclau 2005a: 259）。

思い返せば、世界的にポピュリズムが蔓延しはじめた時期と、ラディカル・デモクラシー論が登場してきた時期は、ほとんど同時であった。ポピュリズムとラディカル・デモクラシーは、発生する条件（政治的なるものの増殖とそれにともなう要求の多元化）、政治主体（同質的な国民からよりヘテロ的で脱空間的な人民へ）、そして運動形態（既存の代表制への不満と政治への能動的な関心）の特徴を共有する。そのため、ポピュリズムをデモクラシーと対抗的なものとして理解することが誤りであることは、明らかである。「ポピュリズムはデモクラシーの高次の段階でも、その敵でもない。むしろデモクラシーが自己を軽蔑視する鏡である」（Panizza 2005: 29）。

ポピュリズムとラディカル・デモクラシーがともに人民主権原理を親とした双生児であれば、人民主権概念の解釈は強調してもしきれないほどの枢要な理論的位置を占めている。ポピュリズムは主体形成のひとつの様式であり、代表制民主主義に忠実に依拠しながら、要求の実現を至上命題とするという意味で、むしろ近代政治思想史の蓄積のもっとも適切な反映なのである。ラディカル・デモクラシーが対決しなければならないのは、現代ポピュリズムだけではなく、近代政治思想史の主要な系譜の全体なのかもしれない(3)。

現在、人民主権が存在するならば、その存在証明はデモクラシーがラディカルでありつづけることにかかっている。たとえば、私たちの政治を物象化してゆく政治のパラドキシカルな傾向性に対して、解体的でありながら構成的な立場を維持してゆくこと。人民主権をイデオロギーに還元する公的な言論に対して、それが政治的な概念であることを積極的に肯定してゆくこと。「ポピュリズムなき人民的なるもの」を掲げて、代表されることに抵抗しながら、主権者であることの意味を書き加えてゆくこと。「人民」をめぐるフェティシズムからの誘惑に屈せず、それを現実政治とあくまで対置させること。さらには、私たちを統御する統治の論理に対して、主権者の名において批判的な再考察をくりかえすこと。このような構成と抵抗が二重化した試みは、「政治の両義性」に規定された人民主権を擁護することを意味している。そもそも、人民主権は何かの解決策ではなく、私たちの政治の原理であったはずである。前に進むために別れが避けられない。

二 「私たち」はどこからきたのか

主権者としての私たちの自己認識を明確にするという目的意識によって、本書の議論が支えられてきたことについては、いまさら言葉を重ねるまでもないだろう。私たちは、自らの皮膚をその手で剥がすように、自己についての政治的な存在論の思索を深めてきた。ただし、こうした考察が、痛みというよりも、ある種の剥落した感覚につきまとわれていたことを告白しなければならない。本節では、私たちの現われを考えるとともに、この薄気味悪い感覚について光をあてたい。

「私たち」を考えるという課題は、楽観的で多幸的な自画像を描き出すことに失敗したといえる。もちろん、主権者の存在論が政治理論において重要であり、それは今後の政治を構成してゆくうえで試金石となることは間違いない。そして、これまでの各章もそのような方向性を共通して示してきた。ただ、このような決然たる意志に対して、それに水を差すかたちで付け加えなければならないのは、自らが相当危うい状況に置かれているという厳然とした事実である。「政治の両義性」が現在の政治情勢のなかで解消されようとしているという事態は、たしかに憂慮すべき問題である(4)。本書もまた、この憂慮によって強迫され、「政治の両義性」を積極的に擁護することを主要な課題としてきた――その成果と展望については以下でより詳しく述べられるだろう。しかしながら、再度もったいぶらしていただくと、「私たち」に関する理論分析が直面した固有の困難はそれではない。いまここで論じようとしていることは、「私たち」が消尽してゆく可能性であり、構成と解体が同時に生じるような概念的な特質である。

本書が試みたような、私たちの政治の源流にさかのぼるという作業が意味したのは、私たちの本質を見つけ出すということではなかった。むしろ、私たちが何らかの本質に還元できないような政治的な存在であることを、鮮明にしてしまった。たんに「私たち」が政治的に決定されているというだけではなく、「私たち」を語ること自体が、すでに政治の一部であることから逃れられない。人民主権の始まりに遡及しながら私たちの意味を見つけ出すことは、同時に、私たちの無意味さをさらけ出すことになってしまった。だからこそ私たちは、自分たちに意味を与えてくれる、主権や代表やポピュリズムなどのような脱論争的な傾向性を有した脱政治的な概念の誘惑に直面しており、それらを振払うことに成功していない。人民主権を積極的に肯定することは、いまや主権者であることの無意味さによって苛まされることになる。私たちの政治に至った瞬間には、もはや「私たち」は存在しない。

以下では、このような私たちの政治のアポリアと各章が論じた成果とのつながりに着目したい。「構成された権力」としての主権は、主権者の人民的性質と国民的性質の自己言及的な節合によって成立し、政治過程を領域的に基礎づけていた。ただし、その権力は、それを制定するような、よりオリジナルな政治作用あるいは構成的権力の存在を論理的に排除するものではない。人民は、人民の意志以外に根拠のない主権に始まりを与える。しかし、そのような構成的権力を担うものは誰かという問題において、主体化されていない空虚なものとしての「私たち」を想定せざるをえない(5)。

私たち主権者は、完全に物象化されることを拒みつつ、政治的なものの次元にとどまろうとするような決定不可能な存在である。それは、社会契約によって生成される主体でありながら、その社会契約をもたらすとされた主体である。本書では、始まりを暴力的なものに委ねた、終わることのない主体化の過程の表象（代表）として主権者を論じてきた。人民主権では主権を構成する契約はいつまでも到来せず、国民主権では眼前に広がるのは契約後の世界である。いずれにせよ、契約そのものを説明する任を果たしていない。

したがって、主権を原理化するうえでもっとも有効な手段は、主権、主権者、主権的空間（主権国家）が同時に誕生し、それらの論理的な継承関係については目をつむるという選択肢である。この選択肢はこれまで近代政治の中心的な原理となってきた。そのため、たとえば、領域的な主権国家が普遍主義的な人権を実現するための唯一の機関であるという矛盾については、理論的にそれほど厳密に問題化されてこなかった。その理由は、この起源の秘密に拘泥することが、既存の現実政治の成立基盤を破壊する可能性を高めることが広く、暗黙に、了解されていたからにほかならない。

これに対して、私は、この現状を批判するのではなく、言説的な分析を通じて主権者概念の理論的な脆弱さを示してきた。だが、その脆弱さゆえに、政治にコミットしうる無限の可能性に開かれており、私たちをどのように構成するかが不断の政治課題となるのである。主権者の脆弱さをさらすことで一見主権の固定化に手を貸す作業は、主権者が接触した観念や制度が、主権者ともども、政治的な概念としての性質を有していることを示唆している。契約を説明できない事実確認的な主権には正統な起源がない。しかし、行為遂行的な人民主権も主体の実体化という避けることのできない契機を前にして、脱構築するべき対象、つまり法的な規定の助けをかりなければならない。

また、私たちは名指しから逃れることができない。私たちは代表されることによって政治原理のなかに位置づけられている。そのような代表を脱ぎ捨ててしまうと、公的な資格を失い、いっさいの政治権力に対して受動的な立場に追いやられてしまうかもしれない。もちろん、だからといって、私たちの名を語る存在を無批判的に許しているわけではない。政治的な判断力が必要となるのは、まさにこの代表の構築という文脈である。それは、私たちのアイデンティティの終わることのない脱構築をもとめている。私たち主権者は、形成されながらも解体されるような存在である。ケヴィン・インストンによれば、代表を絶対に必要とする人民の非決定性は、むしろ人民の自由の条件となる（Inston 2010: 17）。すなわち、人民の非決定性は、主体化としての代表過程の持続を約束するとともに、それに対する抵抗の論理を同時に提供することになる。

人民主権を受け入れることは、そのような主権者をめぐる不安定な二重性を引き受けることである。それは、私たちの立場からすれば、政治に生きることを意味する。「私たち主権者」の可能性と不可能性の併存は、私たちの政治が存在しうるためのもっとも重要な性質である。この意味で、人民主権において、行為遂行的であることと事実確認的であることの区別は、最終的には成立しないだろう——しかしこの区別が無意味だということではない。

「政治の両義性」を形骸化し、主権者に関する不安定な二重性をある特定の形象に固定化しようとするのが、脱政治的な概念である。それはもともと政治的な概念でありながら、自らの出自を否定するような傾向を示している。これまで、主権やポピュリズムや代表にそのような傾向性を見いだしてきた。たとえば、主権は機能において政治を規定しているものの、存在においては政治によって規定されていた。主権と政治の対立は、それらが規範的かあるいは反規範的かという相違を示している。この場合、主権は自らの政治的なるものの次元を形骸化したものであり、統治体に付随する性質として読み込まれたものである。つまり、主権は本質的に論争的な政治的概念であることを放棄しようとする傾向にある。本書では、このような主権の性質を批判的に論じながら、それを概念として維持することの必要性――なにより主権者にとっての――が強調されてきた。このような論争的なものとして主権を認識することは、主権を特定の国家や国民、さらには国民国家と区別される別の政治共同体に排他的に帰属するものとして措定することに反対する。それは言説的に構成されたものであり、人民主権の脆弱さと表裏一体の主権の出自のいかがわしさが表面化すれば、最終的にはそれが空間化されたり、生殺与奪権を含む合法性の独占が主張されたりすることは拒絶されるはずである。

代表やポピュリズムもまた、政治的であることを自己否定しながら「私たち主権者」をある特定の形象へと偶像化する。主権と同様に、これら脱政治的な概念が導く帰結が、ある特定の権力関係と結びついたものにすぎないことはあらためて強調する必要はないだろう。たとえば、人民主権原理においてつねに到来するべきものである主権者の意志（民意）は、ポピュリズムではポピュリストと人民を接続する代表関係の呼称として物象化される。これら脱政治的な概念は、私たちを現実政治の現状に対する同意へと誘うことで、「私たち」が語られる可能性を縮減しようとしている。

ノーマン・フェアクローによれば、言説は権力闘争の「現場」であるとともに、背後にある権力関係を示す「利害関係」でもある（フェアクロー 二〇〇八：八七）。彼の言葉をかりれば、ある言説のタイプを「自然化」するイデオロギー的な効果は、外見上は中立的でありながら、社会的関係を拘束してゆくことに貢献する。そして、その言説が完全に自然化された結果、それはもはやイデオロギーであったことすら忘れ、「制度の常識的実践」となってしまう（同前：一三〇）。このような政治の「自然化」は、一方で人民主権を部分的に呼び起こしながらも、他方で、それをいずれ平和裏に解体されることが運命づけられたイデオロギーへと追いやっている。

ポイントをくりかえしておこう。私たちが自らを代表する主権者をどのように構成するかは、政治における実践的かつ観念的な課題のひとつである。人民主権はそのような構成への参加を許しており、そのかぎりにおいて、代表制民主主義やポピュリズムに対して両義的な態度を示すことになる。私たちはこのような居心地の悪い両義性の中に置かれている。脆弱であることが強みになること、無根拠であることが根拠となること、無意味であることが意味となること——このような政治のあいまいさと不毛さが私たちを取り巻いている。しかし、政治の自然化に抗しながら、それでもなおその場に居直ることが、人民主権を実現するための第一歩となる。政治的な概念をめぐって生じる論争や闘争は、政治過程の副次的な派生物や現状認識における食い違いの産物などではなく、それ自体が政治の不可欠な部分である。私たちの政治は、そのような争いを浄化するような脱政治的な傾向に対して根本的に対立する。

三　「私たち」はどこへいくのか

本書に特徴があるとすれば、政治に対する嫌悪感が思考に影を落としているという点であろう。それはおそらく二一世紀初頭の現実政治のあり方に対する、もっとも一般的な反応の所産である。しかし、皮肉なことに、そのような政治から解放されるためには、私たちがより政治的にならなければならないという方向性を示してきた。では、私たちはどこに向かうのか。以下で述べるのは、政治制度の変容や国際関係の推移の予測はなく、人民主権の理論的な可能性である。その意味では、主権国家の将来を考えることとは部分的に議論が重なる。もっとも、ここで確認するのは、私たちの政治が可能性に関わると同時に、それが不可能性を深く刻み込まれた実践であるということについてである。

人民主権の可能性。人民主権はそれを自然化しようとするような概念に支援されながらも、その自然化を拒否することを目的とするような困難さをかかえていた。それは主体によって担われながら完全なる主体化を拒否し、領域的でありながら領域化を拒否するような存在論上の矛盾に規定されている。そのため、人民主権はつねに構成的であり、批判的であり、未完成であることが宿命とされた概念である。そのような人民主権は実現不可能でありながら、それでも政治の可能性を提供している。人民主権が政治的な概念として自己規定するかぎり、「私たち」は政治の限界と自身の矛盾的な立場に煩悶する以外ほかにないのだろうか。

このような政治の行きづまりは、ジャック・デリダの議論における主権とデモクラシーの不可避的な対立にも反映されている。デモクラシーが実効的であるためには、力の構成としての主権をもとめる。しかし主権は、たとえそれがデモクラシーの実現を目的としているとしても、分割不可能であり力の分有を否定する（Derrida 2005: 100–1）。現行の国民国家内におけるデモクラシーは、それと本質的に対立し、裏切ることを運命づけられた主権を呼び込むことで成立するという限界を内包している。(6) そのため、主権を有した国民国家の彼方に存在する普遍的なデモクラシーは、主権を反転して、分割にしたがうような「超－主権」を呼びもとめる以外には選択肢がない――たとえそれが新たな別の矛盾であったとしても。デリダによれば、その選択肢は、主権における至高性と無条件性を区別し、無条件性によって至高性を批判しながら、主権を脱構築することである（ibid.: 143）。ただし、そのような脱構築された主権と結びつくデモクラシーは、主体以前の計算不可能な特異性としての人間を担い手とし、無条件の歓待を条件とするものの、それは絶対に実現されない。(7)

たしかに、デモクラシーと主権の関係が条件をめぐるアポリアから抜け出すことは、今後も不可能であろう。しかし、私たちの目的はその脱出にあるのではなく、政治化にあることを確認したい。ジョン・カプートによれば、私たちがもとめるのは主権権力の断念であり、それを共有し分割することである。このとき、私たちは主権をめぐる回帰的な自己言及から解放される（Caputo 2003: 25–6）。しかしながら、すぐに議論を元に戻すが、「私たち」を構成するような代表がなければ、主権者であることが実質的に無意味になってしまう。複数の主権が同時に存在するような政治状況で、主権から解放されることは、主権から野放しにされることとどれほど異なるのであろうか。どちらかの困難さを選ぶのであれば、至高であることを私たちの自由（自己および他者の自由）と結びつけながら――それは主権概念をともかく生き残らせることを意味する――、しかし主権によって自然化されないような私たちの政治のあり方をもとめたい。それは人民主権を政治原理として積極的に肯定してゆくことを意味する。

この方向性は、主権に拘泥することで逆に主権を脱構築してゆくような方法である。人民主権の政治化が意味するのは、ともかくデモクラシーと主権を切り分けてしまうという性急な解決ではなく、主権をデモクラシーに少しずつ溶かし込んでしまうという方策である。それは、起源の外側にある人民の空虚さの次元に立ち戻ることで、領域的な主権の偶然性を明確化しながら、その自己言及的な循環を反転しようとする試みである。人民主権を原理として維持することは、主権に一見依拠しながら、それを私たちの政治の内部に吸収して消化してしまうことと不可分につながっている。

もちろん、デリダに、そして本書に残る主権とデモクラシーのつながりに批判的な立場もある。ウェンディ・ブラウンは、主権が個人の自由を保障しているために、デリダのデモクラシーにおいて主権が引きつづき存在することが許されていると指摘する（Brown 2009: 115）。そのうえで、「来たるべきデモクラシー」の名において、それと対立するはずのリベラル・デモクラシー型の主権がそのまま差し戻されることで、このアポリアを自己言及性に丸投げしていると問題化する。自己言及性は主権とデモクラシーを接続する概念的な機関として、たとえ至高性が批判されようと、維持されており、当然両者のアポリアは解消されたわけではない(ibid.: 120)。なによりこのようなアポリア的な現状は、デモクラシーが主権国家にふたたび軟禁されることを消極的に追認している。ブラウンは、デリダが共有された権力ではなく個人の自由にデモクラシーの根幹をもとめている点に、主権と完全に区別されたデモクラシーが徹底されない理由を見いだしている(ibid.: 125)。

本書の議論に関する点のみ若干の応答をしたい。くりかえしになるが、主権を人民主権として考えることは、国家主権を批判しながら、本質的に論争的なものとして主権概念を理解することを意味している。あくまで主権の実現が不可能であるということを認識したうえで、その実体化(主権の国家化を含む)に対してつねに脱構築的な立場をとる。そのため、主権とデモクラシーのアポリアをむしろ政治の条件として積極的に歓迎している。「私たち主権者」はそのような不安定なものとしてしか成立しないはずである――これは同時に、ジャック・ランシエールによるデリダのデモクラシー論には政治主体が不在であるという批判への答えになるだろうか(Rancière 2009: 278)[8]。たしかにランシエールが主張するように、無条件の歓待は政治的ではなく、(国家共同体によってなされる)条件付きの歓待こそが政治的である(ibid.: 281)。ただ、無条件の歓待を目指すこともまた政治的であることを無視することはできない。そのような終わりなき政治的な回路として、そして条件を現実化する力に優越する原理として、人民主権を考えてきた。こうした人民主権原理は、主権の存在と機能が多元化してゆく世界における、主権一般に対する抵抗の基礎的な文法を授けると期待される。

そもそも私たちの政治は実現が不可能な約束なのだから、手元に残された選択肢はどれも効果的なものとは言い難い。場合によっては、困難さをより強調するだけの効果しかもたらさないものも含まれているかもしれない。ただ、これまで考えてきた人民主権の特質を加味しながら、そのいくつかを提示することで――それは人民主権概念を考察する本書の目的から逸脱している――本書を了としたい。

第一に、政治をコンセプトあるものとして維持することである。政治的な概念を概念として維持すること。それは「政治の両義性」において政治を考え、判断する役割を私たちに開放している。自然化に対抗しながら、愚直にその恣意性を暴露し否定することは、私たちの政治を実践してゆくうえで第一歩となるはずである。たとえば、私たちの意志を何かに勝手に読み込むような「常識的実践」についてては、つねに警戒的でなければならないだろう。コンセプトのない政治に対しては、それが政治でないことを批判的に提起する必要がある。いうまでもなく、そのような私たちの政治の追及は、自然化作用と親和的である本質主義的理解を排するとともに、政治的なるものの次元を維持してゆくことを明確にしている。その意味で、現実政治にコンセプトをくりかえし問いかけることは、それなりに重要な営為であるといえるかもしれない。それはダブルシンク（二重思考）への予防にもなるはずだ。

第二に、政治的議論において、「であること」との対比で、「であるべきこと」の意義を強調することである。もちろん、ここで問題にしている「であるべきこと」は、道徳的な義務や規範に依拠したものというよりも、主権者が有する希望および展望を意味する。私たちが望む「であるべきこと」は、たしかに「であること」の圧倒的な現実性の前につねに裏切られ、拝跪してきた。しかし他方では、そのような非対称的な関係性こそが、政治を両義的なものとして維持するための構成的な条件でもあった。つまり、政治的なるものが現実政治によって実現しないために、政治が持続的に必要とされてきた。そのため、この屈辱的な関係性を自暴自棄になって放棄してしまうのではなく、それでもその苦難を耐えることがもとめられる。よりわかりやすくいいかえれば、政治を諦めないということである。私たちが諦めてしまったら、そこにもはや私たちの政治は存在しない。「政治の両義性」という構想においては、現実政治と政治的なるものが私たちの意志を媒介として接続している点に、自由が実現しているとみなすことができる。私たちの自由を、政治権力から切り離されることではなく、むしろそのような政治権力を構成することとして理解したい。

そして最後に、政治権力の臨界に立ちながら、政治の限界をつねに問題化することである。それは、政治権力の不足に対して拡張を批判的に要求することであるとともに、政治権力の過剰に対してはその行使を反省的に解釈して抑制することを意味する。そして、そのような政治過程の渦中に、自らが置かれていることを自覚することである。別の表現を用いれば、政治の領域性を再帰的に問題化することがもとめられる。むろん、政治は政治的単位を前提とするような、その意味での共同体的営為である。たとえば、ポピュリズムが（同時にラディカル・デモクラシーも）既存の共同性の解体によって剥き出しになった政治的要求を、陶治する立場にあることは確認した。しかしこれは、この運動が領域性を完全に超克したということを意味するものではない。すでに指摘したように、ポピュリズムはすべての政治的要求に応答するわけではなく、ヘテロ的な政治規範を有するひとつの運動体である。

そのため、この政治的価値を共有しない人びとは、抵抗勢力や非愛国者などというレッテルを張られて外部化されている。政治的境界線を考えるうえで必要となるのは、あらゆるレベルで政治権力が相互に交錯するような、つねにその外形を変容させるような政治イメージの認識であろう。政治的境界線が私たちを防御しているのか、それとも攻撃しているのか、その判断と調整に政治の役割があるとともに、それが「私たち主権者」を構成してゆく。

私たちは政治的要求——分け前であるとともに分割された価値としての——を明らかにすることを恥じてはならない。それがなくては政治が自然化してしまう。たとえ情念が統治に管理されていたとしても、それに穴を開けるかすかな可能性を信じて、時間をかけて要求を反映させてゆくしかない。それはあまり生産的な方法ではないかもしれないが、現実政治と政治的なるものを往復する「政治の両義性」が本来時間のかかる実践であることを想起しよう。たしかに時間は残されていないかもしれない。しかし、だからといって、私たちの政治を断念する理由にはならない。私たちの政治は、政治に費やす時間を伸ばすことが可能であり、さらには政治的時間の意味を変更することもできる——これに対して主権は「時間を与えないし、おのれにも与えない。それは時間をとらない」(Derrida 2005: 109; e. g. Cheah 2009: 87-8)。主権を政治化するには、まず時間をかけることだろう。

本書は、私たちの政治の可能性を模索しながら、その不可能性を逆に列挙することで、政治に過剰な負担をかけることになってしまった。そのうえ、最後に提起したいくつかの役に立たない選択肢は、政治の現状をより絶望的なかたちで示してしまったかもしれない。ただ、私たちの政治が「そのようなもの」であることを自覚することが、なによりその未来に踏み出す契機となるはずである——けっして到来することのない未来の。

註記

（1） こうした政治的な構想のひとつとして、コノリーのアゴーンのデモクラシーを挙げることができる。彼によれば、必要なのは「アイデンティティと差異の相互依存的な二律背反を表現すると同時に、それを異論にさらすことを可能とさせる媒体として政治的なるものをとらえる考え方」（Connolly 2002: 92）である。

（2） この意味における市民社会の衰退については、ハート（一九九九）を参照。ＳＡＲＳ（重症急性呼吸器症候群）危機における統治権力の作用を分析した汪民安の興味深い論考によれば、この危機によって、「ホッブズ的な自己保存の本能」を覆っていた「社会的な仮面」がはぎ取られ、個人の身体性が剥き出しとなっていることが明らかとなった。ＳＡＲＳはたんに健康や衛生に対する危機ではなく、近代社会が培ってきたあらゆる楽観主義（たとえば啓蒙主義や愛情溢れる家族観）に対する信仰の危機でもある。「社会性は急速に個人性へと解体している」（Wang 2004: 375）。

（3） 新たな政治主体の出現の理論化を目的としたラディカル・デモクラシーについて、アレックス・トムソンはその限界を示す。彼が依拠するのはデリダ的な脱構築の立場である。トムソンによれば、ラディカル・デモクラシーは理想と現実の相違を問題にするが、脱構築はデモクラシーそのものの内部にある裂け目や限界を問題にする（Thomson 2005: 49）。いいかえれば、前者が（理想であると同時に現実である）デモクラシーが実存する政治領域を前提とした議論であるのに対して、後者はその前提である

「政治概念それ自体の再考」を意図している（ibid.: 50）。こうすることで、より具体的には、脱構築は非暴力という不可能な契機を政治に見いだそうとしている。もっとも、ラディカル・デモクラシー論がこの批判に首肯するとは思えず、それもまた政治の開放的な再考察と再定義に寄与していると主張するだろう。どちらにせよ確かなことは、「私たち」がこうした政治を問い直す政治的実践の主体であるという点である。

（4）政治との対比で政治的なるものの固有の意義を評価する論者、たとえばシュミット、アレント、ウォーリン、ムフは、政治的なるものの中性化あるいは植民地化に対する抵抗を共通の課題としてきた（Marchart 2007: 44）。

（5）ボニー・ホニッグによれば、良き人民が先か良き法が先かという設立のパラドクスは、その後の通常の政治過程にも持続的に潜在している。つまり主権者は、法規範によって基礎づけられた人民としてだけではなく、その規定に先行するマルチチュードとしての性質を残している。彼女は、この政治的なるものの契機に、一般意志の純粋さを断念するとともに、他者に対するアゴーン的な敬意を涵養する可能性を見いだしている（Honig 2009: Chap. 1）。

（6）デリダによる主権とデモクラシーの対立については、Beardsworth（2007: 54-8）、Newman（2008: 235-9）を参照。

（7）マティアス・フリッチュによれば、人民主権とデモクラシーを（再）接続したデリダの「来たるべきデモクラシー」において、主権者としての人民のアイデンティティは流動的であり、人民自身の解釈と持続的な再同一化によって決められる（Fritsch 2002: 580）。

（8）ランシエールによるデリダのデモクラシー論に対する批判は、『ならず者たち』の「訳者あとがき」（鵜飼哲著）に詳しい。

あとがき

　本書は私にとってはじめての単著である。そして、そのため、ひとつの書籍を完成させるという未知の苦しみとともに、それを生きる意味として読み替える戦術を授けてくれた、最初の著作である。本書で取り扱ったテーマの数々は、執筆を生活の中心に据えることをこころざして以来腹蔵してきたものであり、私としてはつき合いが長い。本書の原稿は、私とともに年を重ね、海を越え、住む場所を変え、そして何台ものパソコンを乗り換えてきた。かりに今後、別の著作を執筆する機会をいただいたとしても、本書以上に腰を落ち着けず、しかしながら、そのかぎりにおいて人生の一部と化した著作は生まれることはないだろう。

　本書はこれまで発表してきた作品がもとになっている。各章は書かれた場所やテーマにおいて、むしろ共通点を見つけ出すことのほうが難しいかもしれない。しかし、これらは人民主権論の現代的な意義を考察するという年来の問題意識の点で一貫している。さらに踏み込むなら、人民主権は現代政治のいたるところに出没する原理である。もっとも、ひとつの著作として各章の論旨を一貫させるために、既存の作品は大幅な変更を受けることになった。そのため、初出の論稿とはかなり叙述が異なっている点をおことわりしておきたい。

本書では、一方で、人民主権の可能性を擁護するための議論がその不可能性を導き、他方で、その不可能性がまた別の可能性を指し示すことになった。人民主権は決定不可能なものに憑りつかれており、それにもかかわらず、その状況下で決定してゆかなければならない責務を私たちに課している。人民主権を考えるという間口の広い問題に取り組むきっかけを世の中に提供することができたならば、本書は成功したといえるかもしれない。また、フォローすることすら困難な英語圏の研究論文の増殖のなかで、主権論を中心としながらもそれと関連する議論の文献をできるだけ掘り起こすことも、ひとつの課題として意識してきた。

およそ物を書くことには、書くこと自体の苦しみ(身体的疲労を含む)と同時に、書いた後に襲ってくる内容に対する逡巡の苦しみとがあるように思われる。私のように、後者の苦しみがより辛く感じるタイプの人間にとって、時空を往復しながら過去の自分の思考との折り合いをつける作業は、なかなか気が晴れるものではなかった。たとえば、何も変更する箇所が見当たらなければ自分がまったく成長していないことに絶望し、変更する箇所が見つかったならば過去の自分の不徳に今さら恥じ入るという具合に。そして本書も、遠くない将来、著者を苦しめることになるかもしれない。

しかしそれでも、こうした機会を与えていただいた法政大学出版局の勝康裕さんにはたいへん感謝している。博士論文をまずは出版することが業界の作法になろうとしている昨今、統合的なテーマのもとに議論するという不相応な課題を授けていただき、あらためて自己を修練する必要性と対峙させていただいた。私が悩みを重ねて提出しては撤回する原稿を、そのつど全幅の信頼をもって受け入れていただいたことは、本書の執筆の何よりの灯火となった。内容においても執筆過程においても反時代的な性格が強い本書が、法政大学出版局のご面倒にならないことを心から願っている。

本書がこれまでの研究生活のひとつの集大成であるという性格上、多くの方々のご厚情に支えられている。この場を借りて心からの御礼を申し上げたい。本書の執筆過程に直接関係する方のお名前を挙げさせていただければ、大中一彌、乙部延剛、加藤哲郎、川村覚文、白井聡、杉田敦、細井保、ジェイムズ・マーティンの各氏からは有益な示唆とご助力を頂戴している。また、本書の各章が発表された際にお世話になった、各出版社の担当者の方々にあらためて感謝を申し上げる。そして、もちろん、大学（一橋大学社会学部）、大学院（一橋大学大学院社会学研究科、ロンドン大学ゴールドスミス・カレッジ）、そして日本学術振興会特別研究員としての活動を通じて出会うことになった、名前を書きつくすことのできないさまざまな方々に本書は支えられている。

本書は特定の方に献じることを企図していないが、それでもやはり、これまでの人生との密接な関係上、両親に特別の感謝をささげたい。

二〇一三年六月

鵜飼　健史

初出一覧

＊各章の記述は、本書のテーマにしたがって大幅な変更を加えている。

序　章　『政治の両義性』という考え方」：書き下ろし。
第1章　「政治の可能性と不可能性」：原題「政治における普遍主義の限界と再生」加藤哲郎他編『政治を問い直す2：差異のデモクラシー』日本経済評論社、二〇一〇年、一〇七－一二五頁。
第2章　「主権と政治――あるいは王の首の行方」：原題「主権と政治――あるいは王の首の行方」『思想』第一〇三一号、二〇一〇年三月、七〇－八六頁。
第3章　「主権者の存在論とその意味――あるいは主権者の不在論とその無意味」：原題「『主権者』についての概念分析――現代主権論の展開と特質」『年報政治学』日本政治学会、二〇一一－I、二〇一一年六月、二〇八－二二八頁。
第4章　「ポピュリズムの両義性」：原題「ポピュリズムの両義性」『思想』第九九〇号、二〇〇六年一〇月、五四－七一頁。
第5章　『代表』の何が問題なのか――代表の彼方」：書き下ろし。
終　章　「目的なき人民主権の目的」：書き下ろし。

索　引

［サ　行］

［タ　行］
代表　26, 156–159, 164, 166–167, 173–202, 206–211, 216–220
――代表する者　26, 150, 155, 182, 184, 186–187, 190–191, 196, 200, 208–210
――代表される者　26, 150, 184, 187–189, 190–191, 200, 208–210
代表性　26, 180–192, 194, 197, 201, 208, 211
代表制　26, 180–186, 191–192, 194, 197, 201
代表制民主主義　26, 45, 174–179, 180–185, 186–190, 192–197, 201, 209–213, 220
タッガート　Taggert, Paul　138
脱構築　124–127, 163, 165–168, 217–218, 222–223
タリー　Tully, James　28
テイラー　Taylor, Charles　86, 89
デモクラシー（民主主義）　11, 23, 40, 54, 79, 87, 90, 92, 106, 174, 186, 188–189, 194, 198, 202, 212–214, 221–224
デリダ　Derrida, Jacques　6, 84–88, 90–91, 98, 118–119, 169, 222–224, 229
直接民主主義（直接民主制）157, 193–197
ドゥルーズ　Deleuze, Gilles　18, 29, 196
時本義昭　96
特殊性（特殊主義）　51–59, 75, 80, 83, 101, 117, 127, 153, 155, 163–164, 167
トマセン　Thomassen, Lasse　189, 204
トーミー　Tormey, Simon　196, 204
トムソン　Thomson, Alex　228–229

［ナ　行］
ニューマン　Newman, Saul　60
ネグリ　Negri, Antonio　85, 98, 112–117
ネルソン　Nelson, Brian R.　110
ノモス　73–74

［ハ　行］
長谷部恭男　88
バーチ　Birch, Anthony　177
バーテルソン　Bartelson, Jens　10–11, 27, 70, 81, 87, 129
ハート　Hardt, Michael　112–117, 228
ハーバーマス　Habermas, Jürgen　62, 97, 131, 188
バリバール　Balibar, Étienne　70, 75, 131
パローネン　Palonen, Kari　19, 204
ハンセン　Hansen, Thomas B.　106
ピトキン　Pitkin, Hanna F.　177, 188, 203
ファー　Farr, James　29
フィリプス　Phillips, Anne　189
フェアクロー　Fairclough, Norman　219
フーコー　Foucault, Michel　18, 68–70, 85, 88, 96
藤田省三　22
藤本一勇　130
普遍性（普遍主義）　24–25, 33–59, 75, 83, 85–88, 101, 117, 127, 153, 156, 163, 165, 186, 211
ブラウン　Brown, Wendy　223–224
フリッチェ　Fritsh, Matthias　229
フリーデン　Freeden, Michael　10, 15
フレイザー　Fraser, Nancy　184–185
ブレナン　Brennan, Geoffrey　204
プロコヴニック　Prokhovnik, Raia　58, 72, 93
ベイカー　Baker, Gideon　203

ベヴィア　Bevir, Mark　28, 29
ヘーゲル　Hegel, Georg Wilhelm Friedrich　156, 162
ヘルド　Held, David　60, 97, 102–103
ペロニズム　140, 142, 154–155
ペロン　Perón, Juan Domingo　154
ベンハビブ　Benhabib, Seyla　79, 83, 87
ホッブズ　Hobbes, Thomas　74, 204
ホニッグ　Honig, Bonnie　130, 131, 229
ポピュリスト　14, 124, 150–155, 157–159, 162–164, 179, 187, 219
ポピュリズム　25, 27, 106, 114–115, 135–169, 174, 187, 198, 206–207, 210–214, 216–220, 226
　——の亡霊　135–137, 159–160
ホフマン　Hoffman, John　95
ホール　Hall, Stuart　143–147, 150, 170
ホワース　Howarth, David　162, 165

［マ　行］

マーチャート　Marchart, Oliver　8, 171
松下圭一　82
マーティン　Martin, James　44
マナン　Manin, Bernard　195
マルクス　Marx, Karl　156
マルチチュード　112–115
丸山眞男　22, 107
宮沢俊義　129
ムーゼリス　Mouzelis, Nicos　170
ムフ　Mouffe, Chantal　7–8, 27, 47–48, 51–52, 58, 62, 63, 130, 146, 164, 172, 174, 229

［ヤ　行］

ヤック　Yack, Bernard　111–112
ヤング　Young, Iris Marion　197

［ラ　行］

ラカン　Lacan, Jacques-Marie-Émile　11, 54
ラディカル・デモクラシー　27, 51–52, 56, 212–214, 226, 228–229
ラクラウ　Laclau, Ernesto　17, 51–55, 58, 63, 114–117, 121, 141–156, 159–163, 165, 171–173, 176, 186–189, 202, 210, 213
ランシエール　Rancière, Jacques　67, 178, 188, 224, 229
リクール　Ricœur, Paul　86
リベラリズム（自由主義）　15–16, 32, 36, 44–49, 56–58, 61–62
ルソー　Rousseau, Jean-Jacques　178, 181, 183
例外状態　71–76, 89, 103
ロールズ　Rawls, John　48, 188

［ワ　行］

「私たち」　27, 31, 139, 165, 174, 179, 206, 214–227
汪民安　228

参考文献一覧

引用文献について，日本語訳の表現を著者の責任において変更させていただいた箇所がある。また翻訳書から引用した部分でも，原著を参照のうえ，同様の処置をした箇所がある。

Agamben, Giorgio (1998) *Homo Sacer: Sovereign Power and Bare Life*, Daniel Heller-Roazen, trans., Stanford, CA: Stanford University Press (ジョルジョ・アガンベン／高桑和巳訳『ホモ・サケル』以文社，2003 年).

ジョルジョ・アガンベン (2010) 高桑和巳訳『王国と栄光』青土社。

Althusser, Louis, and Étienne Balibar (1979) *Reading Capital*, Ben Brewster, trans., London: Verso (ルイ・アルチュセール，エティエンヌ・バリバール／今村仁司訳『資本論を読む』上中下，筑摩書房，1996–1997 年).

Andeweg, Rudy B. (1996) 'Elite: Mass Linkages in Europe', in Hayward (1996).

Ankersmit, F. R. (2002) *Political Representation*, Stanford, CA: Stanford University Press.

Archibugi, Daniele, ed. (2003) *Debating Cosmopolitics*, London: Verso.

ハンナ・アレント (1995) 志水速雄訳『革命について』筑摩書房。

Baker, Gideon (2006) 'Revisiting the Concept of Representation', *Parliamentary Affairs*, 59 (1): 155–172.

Barbour, Charles, and George Pavlich, eds. (2010) *After Sovereignty: On the Question of Political Begininngs*, New York & London: Routledge.

エティエンヌ・バリバール (1996) 松葉祥一訳「市民主体」ジャン＝リュック・ナンシー編／港道隆・鵜飼哲他訳『主体の後に誰が来るのか？』現代企画室。

エティエンヌ・バリバール (2007) 松葉祥一・亀井大輔訳『ヨーロッパ市民とは誰か』平凡社。

Bartelson, Jens (1995) *A Genealogy of Sovereignty*, Cambridge: Cambridge University Press.

Bartelson, Jens (2006) 'The Concept of Sovereignty: Revisited', *The European Journal of International Law*, 17 (2): 463–474.

イェンス・バーテルソン (2006) 小田川大典他訳『国家論のクリティーク』岩波書店 (Jens Bartelson, *The Critique of the State*, Cambridge: Cambridge University Press, 2001)。

Beardsworth, Richard (2007) 'The Future of Critical Philosophy and World Politics', in Madeleine Fagan and *et al*. eds., *Derrida: Negotiating the Legacy*, Edinburgh: Edinburgh University Press.

Benhabib, Seyla (1996) 'Toward a Deliberative Model of Democratic Legitimacy', in S.

Benhabib, ed., *Democracy and Difference*, Princeton, NJ: Princeton University Press.
Benhabib, Seyla (2006) *Another Cosmopolitanism*, Oxford: Oxford University Press.
セイラ・ベンハビブ (2006) 向山恭一訳『他者の権利——外国人・居留民・市民』法政大学出版局。
Berlin, I., R. Hofstadter, D. MacRae *et al.* (1968) 'To Define Populism', *Government and Opposition*, 3: 137–180.
Bevir, Mark (1999) *The Logic of the History of Ideas*, Cambridge: Cambridge University Press.
Bevir, Mark (2000) 'Round Table: The Logic of the History of Ideas', *Rethinking History*, 4 (3): 295–300.
A. H. バーチ (1972) 河合秀和訳『代表——その理論と歴史』福村出版。
Borradori, Giovanna (2003) *Philosophy in a Time of Terror: Dialogues with Jürgen Habermas and Jacques Derrida*, Chicago, IL: The University of Chicago Press.
Brace, Laura, and John Hoffman, eds. (1997) *Reclaiming Sovereignty*, London: Pinter Press.
Brennan, Geoffrey, and Alan Hamlin (1999) 'On Political Representation', *British Journal of Political Science*, 29 (1): 109–127.
Brown, Wendy (2008) 'Sovereignty and the Return of the Repressed', in David Campbell *et al.*, eds., *The New Pluralism*, Durham, NC: Duke University Press.
Brown, Wendy (2009) 'Sovereign Hesitations', in Cheah *et al.* (2009).
Brütsch, Christian (2005) 'Representation', in Iain MacKenzie, ed., *Political Concept*, Edinburgh: Edinburgh University Press.
Canovan, Margaret (1981) *Populism*, London: Junction Books.
Canovan, Margaret (1982) 'Two Strategies for the Study of Populism', *Political Studies*, 30 (4): 544–552.
Canovan, Margaret (1984) '"People", Politicians and Populism', *Government and Opposition*, 19: 312–327.
Canovan, Margaret (1996) *Nationhood and Political Theory*, Cheltenham: Edward Elgar.
Canovan, Margaret (2004) 'Populism for Political Theorists?', *Journal of Political Ideologies*, 9 (3): 241–252.
Canovan, Margaret (2005) *The People*, Cambridge: Polity Press.
Caputo, John D. (2003) 'Without Sovereignty, Without Being: Unconditionality, the Coming God and. Derrida's Democracy to Come', *Journal for Culture and Religious Theory*, 4 (3): 289–319.
Chandler, David (2003) 'International Justice', in Archibugi (2003).
Cheah, Pheng (2009) 'The Untimely Secret of Democracy', in Cheah *et al.* (2009).
Cheah, Pheng, and Suzanne Guerlac, eds. (2009) *Derrida: and the Time of the Political*, Durham, NC: Duke University Press.
Connolly, William (1993) *The Terms of Political Discourse, Third Edition*, Princeton, NJ:

Princeton University Press.
Connolly, William (1995) *The Ethos of Pluralization*, Minneapolis, MN: University of Minnesota Press.
Connolly, William (2002) *Identity / Difference: Expanded Edition*, Minneapolis, MN: University of Minnesota Press (ウィリアム・コノリー／杉田敦他訳『アイデンティティ＼差異――他者性の政治』岩波書店，1998 年).
Connolly, William (2004) 'The Complexity of Sovereignty' in Edkins *et al.* (2004).
Connolly, William (2005) *Pluralism*, Durham, NC: Duke University Press (ウィリアム・コノリー／杉田敦・鵜飼健史・乙部延剛・五野井郁夫訳『プルーラリズム』岩波書店，2008 年).
Critchley, Simon (2007) *Infinitely Demanding: Ethic of Commitment, Politics of Resistance*, London: Verso.
Critchley, Simon, and Oliver Marchart, eds. (2004) *Laclau: A Critical Reader*, London: Routledge.
Deleuze, Gilles, and Félix Guattari (1994) *What is Philosophy?*, Braham Burchell and Hugh Tomlinson, trans., London: Verso (ジル・ドゥルーズ，フェリックス・ガタリ／財津理訳『哲学とは何か』河出書房新社，1997 年).
Derrida, Jacques (2002) 'Declarations of Independence', *Negotiations: Interventions and Interviews, 1971-2001*, Elizabeth Rottenberg, trans., Stanford, CA: Stanford University Press.
Derrida, Jacques (2005) *Rogues*, Pascale-Anne Brault and Michael Naas, trans., Stanford, CA: Stanford University Press (ジャック・デリダ／鵜飼哲・高橋哲哉訳『ならず者たち』みすず書房，2009 年).
Devenney, Mark (2002) 'Critical Theory and Democracy', in Finlayson *et al.* (2002).
De Ville, Jacques (2010) 'Sovereignty without Sovereignty: Derrida's *Declaration of Independence*', in Barbour and Pavlich (2010).
Edkins, Jenny, and Véronique Pin-Fat (1999) 'The Subject of the Political', in Jenny Edkins, Nalini Persram, and Véronique Pin-Fat, eds., *Sovereignty and Subjectifity*, Boulder, CO: Lynne Rienner Publishers.
Edkins, Jenny, Véronique Pin-Fat, and Michael J. Shapiro, eds. (2004) *Sovereign Lives*, New York & London: Routledge.
ノーマン・フェアクロー (2008) 貫井孝典（監修）他訳『言語とパワー』大阪教育図書。
Farr, James (1989) 'Understanding Conceptual Change Politically', in Terence Ball, James Farr, and Russell L. Hanson, eds., *Political Innovation and Conceptual Change*, Cambridge: Cambridge University Press.
Finlayson, Alan (2002) 'The Horizon of Community', in Finlayson and Valentin (2002).
Finlayson, Alan, and Jeremy Valentine eds. (2002) *Politics and Post-Structuralism: An Introduction*, Edinburgh: Edinburgh University Press.

Foucault, Michel（1994a）'Truth and Power', in James D. Faubiom, ed., *Power: Essential Works of Foucault 1954-1984, vol. 3*, London: Penguin Books（ミシェル・フーコー「真理と権力」小林康夫・石田英敬・松浦寿輝編『フーコー・コレクション 4 権力・監禁』筑摩書房，2006 年）.

Foucault, Michel（1994b）'Governmentality', in James D. Faubiom, ed., *Power: Essential Works of Foucault 1954-1984, vol. 3*, London: Penguin Books（ミシェル・フーコー「統治性」小林康夫・石田英敬・松浦寿輝編『フーコー・コレクション 6　生政治・統治』筑摩書房，2006 年）.

Foucault, Michel（2003）*Society Must Be Defended: Lectures at the Collège de France, 1975-76*, Arnold I. Davidson, ed., David Macey, trans., New York: Picador（ミシェル・フーコー／石田英敬・小野正嗣訳『社会は防衛しなければならない——コレージュ・ド・フランス講義 1975-1976 年度』ミシェル・フーコー講義集成 6，筑摩書房，2007 年）.

ミシェル・フーコー（2006）中村雄二郎訳『知の考古学』河出書房新社。

Fraser, Nancy（2009）*Scales of Justice: Reimagining Political Space in a Globalizing World*, New York: Columbia University Press（向山恭一訳『正義の秤《スケール》——グローバル化する世界で政治空間を再想像すること』法政大学出版局，2013 年）.

Freeden, Michael（1996）*Ideologies and Political Theory*, Oxford: Oxford University Press.

Freeden, Michael（2004）'Editorial: Essential Contestability and Effective Contestability', *Journal of Political Ideologies*, 9（1）: 3-11.

Freeden, Michael（2005a）*Liberal Languages: Ideological Imaginations and Twentieth-Century Progressive Thought*, Princeton, NJ: Princeton University Press.

Freeden, Michael（2005b）'What Should the "Political" in Political Theory Explore?', *Journal of Political Philosophy*, 13（2）: 113-134.

Freeden, Michael（2008a）'Editorial: Thinking Politically and Thinking Ideologically', *Journal of Political Ideologies*, 13（1）: 1-10.

Freeden, Michael（2008b）'Thinking Politically and Thinking About Politics: Language, Interpretation, and Ideology', in David Leopold and Marc Stears, eds., *Political Theory: Methods and Approaches*, Oxford: Oxford University Press.

Fritsch, Matthias（2002）'Derrida's Democracy to Come', *Constellations*, 9（4）: 574- 597.

藤本一勇（2009）「主権の行方」『理想』第 682 号。

藤田省三（1998）『天皇制国家の支配原理』（藤田省三著作集 1）みすず書房。

布施　哲（2008）『希望の政治学』角川学芸出版。

Germani, Gino（1978）*Authoritarianism, Fascism, and National Populism*, New Brunswick, NJ: Transaction Books..

Glynos, Jason, and David Howard（2007）*Logics of Critical Explanation in Social and Political Theory*, New York & London: Routledge.

Golder, Ben, and Peter Fitzpatrick（2009）*Foucault's Law*, New York & London: Routledge.

Habermas, Jürgen (1976) *Legitimation Crisis*, Thomas McCarthy, trans., London: Heinemann（ユルゲン・ハバーマス／細谷貞雄訳『晩期資本主義における正統化の諸問題』岩波書店，1979 年）.

Habermas, Jürgen (1994) 'Human Rights and Popular Sovereignty: The Liberal and Republican Versions', *Ratio Juris*, 7 (1): 1-13.

ユルゲン・ハーバーマス（2003）河上倫逸・耳野健二訳『事実性と妥当性（下）』未來社。

箱田　徹（2008）「生政治から統治と啓蒙へ」『現代思想』36 巻 5 号。

Hall, Stuart (1980) 'Popular-Democratic vs Authoritarian Populism: Two Ways of "Taking Democracy Seriously" ', in A. Hunt, ed., *Marxism and Democracy*, London: Lawrence and Wishart.

Hall, Stuart (1983) 'The Great Moving Right Show', in Stuart Hall and M. Jacque, eds., *The Politics of Thatcherism*, London: Lawrence and Wishart.

Hall, Stuart (1988) 'Authoritarian Populism: A Reply to Jessop et al', in *The Hard Road to Renewal: Thatcherism and the Crisis of the Left*, London: Verso.

Hansen, Thomas B., and Finn Stepputat, eds. (2005) *Sovereign Bodies*, Princeton, NJ: Princeton University Press.

マイケル・ハート（1999）大脇美智子訳「市民社会の衰退」『批評空間』第 2 期 21 号，太田出版。

Hardt, Michael, and Antonio Negri (2000) *Empire*, Cambridge MA: Harvard University Press（アントニオ・ネグリ，マイケル・ハート／水嶋一憲他訳『〈帝国〉』以文社，2003 年）.

長谷部恭男（2007）「憲法制定権力の消去可能性について」『岩波講座憲法 6』岩波書店。

長谷部恭男（2008）「われら日本国民は，国会における代表者を通じて行動し，この憲法を確定する。」『公法研究』70 号。

Hayward, J., ed. (1996) *Elitism, Populism, and European Politics*, Oxford: Clarendon Press.

Held, David (2002) 'Law of States, Law of Peoples', *Legal Theory*, 8 (1): 1-44.

デヴィッド・ヘルド（2002）佐々木寛他訳『デモクラシーと世界秩序——地球市民の政治学』NTT 出版。

Held, David (2003) 'Violence, Law and Justice in a Global Age', in Archibugi (2003).

Hirst, Paul (1990) *Representative Democracy and Its Limits*, Cambridge: Polity Press.

Hoffman, John (1998) *Sovereignty*, London: Open University Press.

Honig, Bonnie (1991) 'Declarations of Independence: Arendt and Derrida on the Problem of Founding a Republic', *American Political Science Review*, 85 (1): 97-113.

Honig, Bonnie (2001) *Democracy and the Foreigner*, Princeton, NJ: Princeton University Press.

Honig, Bonnie (2007) 'Between Decision and Deliberation: Political Paradox in

Democratic Theory', *American Political Science Review*, 101（1）: 1–17.

Honig, Bonnie（2009）*Emergency Politics: Paradox, Law, Democracy*, Princeton, NJ: Princeton University Press.

Howarth, David（2000）*Discourse*, London: Open University Press.

Howarth, David（2004）'Hegemony, Political Subjectivity, and Radical Democracy', in Critcheley *et al*.（2004）.

Howarth, David（2008）'Ethos, Agonism and Populism: William Connolly and the Case for Radical Democracy', *The British Journal of Politics and International Relations*, 10: 171–193.

Inston, Kevin（2010）'Representing the Unrepresentable: Rousseau's Legislator and the Impossible Object of the People', *Contemporary Political Theory*, 9（4）: 393–413.

Ionescu, Ghita, and Ernest Gellner, eds.（1969）*Populism: Its Meanings and National Characteristics*, London: Weidenfeld & Nicolson.

伊藤　武（2007）「『領域性（territoriality）』概念の再検討――近代国民国家の変容と連邦主義的改革の中で」宮島喬・若松邦弘・小森宏美編『地域のヨーロッパ――多層化・再編・再生』人文書院。

Jackson, Robert H.（2007）*Sovereignty*, Cambridge: Polity Press.

Jessop, Bob, K. Bonnett, S. Bromley, and T. Ling（1984）'Authoritarian Populism, Two Nations and Thatcherism', *New Left Review*, 147: 32–60.

Kalmo, Hent, and Quentin Skinner（2010）*Sovereignty in Fragments: The Past, Present and Future of a Contested Concept*, Cambridge: Cambridge University Press.

Kalyvas, Andreas（2005）'Popular Sovereignty, Democracy, and the Constituent Power', *Constellations*, 12（2）: 223–244.

加藤哲郎（1986）『国家論のルネサンス』青木書店。

加藤哲郎（2001）『20 世紀を超えて――再審される社会主義』花伝社。

川崎　修（2010）『ハンナ・アレントの政治理論：アレント論集 I』岩波書店。

Krasner, Stephen, ed.（2001）*Problematic Sovereignty*, New York: Columbia University Press.

Laclau, Ernesto（1977）*Politics and Ideology in Marxist Theory: Capitalism - Fascism - Populism*, London: NLB（エルネスト・ラクラウ／横越英一監訳・大阪経済法科大学法学研究所訳『資本主義・ファシズム・ポピュリズム――マルクス主義理論における政治とイデオロギー』柘植書房，1985 年）.

Laclau, Ernesto（1980）'Populist Rupture and Discourse', *Screen Education*, 34（Spring）: 87–93.

Laclau, Ernesto（1990）*New Reflections on the Revolution of Our Time*, London: Verso.

Laclau, Ernesto（1996a）*Emancipation(s)*, London: Verso.

Laclau, Ernesto（1996b）'Deconstruction, Pragmatism, Hegemony', in Chantal Mouffe, ed., *Deconstruction and Pragmatism*, New York & London: Routledge（エルネスト・ラクラウ「脱構築・プラグマティズム・ヘゲモニー」シャンタル・ムフ編／青木

隆嘉訳『脱構築とプラグマティズム――来たるべき民主主義』法政大学出版局，2002 年）.
エルネスト・ラクラウ（2002a）「アイデンティティとヘゲモニー」ジュディス・バトラー，エルネスト・ラクラウ，スラヴォイ・ジジェク／竹村和子・村山敏勝訳『偶発性・ヘゲモニー・普遍性』青土社。
エルネスト・ラクラウ（2002b）「構造，歴史，政治」，同上。
エルネスト・ラクラウ（2002c）「普遍性の構築」，同上。
Laclau, Ernesto（2005a）*On Populist Reason*, London: Verso.
Laclau, Ernesto（2005b）'Populism: What's in a Name?', in Panizza（2005）.
Laclau, Ernesto（2005c）'The Future of Radical Democracy', in L. Tonder and L. Thomassen, eds., *Radical Democracy; Politics between Abundance and Lack*, Manchester: Manchester University Press.
Laclau, Ernesto（2006）'Why Constructing a People IS the Main Task of Radical Politics', *Critical Inquiry*, 32（4）: 646–680.
Laclau, Ernesto（2007）'Bare Life or Social Indeterminacy?', in Matthew Calarco and Steven DeCaroli, eds., *Giorgio Agamben: Sovereignty and Life*, Stanford, CA: Stanford University Press.
Laclau, Ernesto, and Chantal Mouffe（2001）*Hegemony and Socialist Strategy, Second Edition*, London: Verso（エルネスト・ラクラウ，シャンタル・ムフ／西永亮・千葉眞訳『民主主義の革命――ヘゲモニーとポスト・マルクス主義』筑摩書房，2012 年）.
Lash, Christopher（1995）*The Revolt of the Elites*, New York: W. W. Norton（クリストファー・ラッシュ／森下伸也訳『エリートの反逆』新曜社，1997 年）.
Lefort, Claude（1988）*Democracy and Political Theory*, David Macey, trans., Cambridge: Polity Press.
Lindahl, Hans（2003）'Sovereignty and Representation in the European Union', in Walker（2003）.
Lupel, Adam（2009）*Globalization and Popular Sovereignty*, New York & London: Routledge.
Manin, Bernard（1987）'On Legitimacy and Political Deliberation', *Political Theory*, 15（3）: 338–368.
Manin, Bernard（1997）*The Principles of Representative Government*, Cambridge: Cambridge University Press.
Mansfield , Nick（2008）'Sovereignty as its Own Question: Derrida's *Rogues*', *Contemporary Political Theory*, 7: 361–375.
Marchart, Oliver（2007）*Post-Foundational Political Thought: Political Difference in Nancy, Lefort, Badiou and Laclau*, Edinburgh: Edinburgh University Press.
Martin, James（1999）'The Social and the Political', in Fidelma Ashe *et al.*, *Contemporary*

Social and Political Theory: An Introduction, Open University Press.
Martin, James (2002) 'The State and Sovereign Subjectivity', in Finlayson *et al.* (2002).
丸山眞男 (1961)『日本の思想』岩波書店。
丸山眞男 (1982)『後衛の位置から』未來社。
松葉祥一 (2010)『哲学的なものと政治的なもの』青土社。
松井茂記 (1995)「国民主権原理と憲法学」山之内靖他編『社会変動のなかの法』岩波書店。
松下圭一 (1975)『市民自治の憲法理論』岩波新書。
Mény, Yves, and Yves Surel (2000) *Par le peuple, pour le peuple: Le populisme et les démocraties*, Paris: Fayard.
Mény, Yves, and Yves Surel, eds. (2002) *Democracies and the Populist Challenge*, Basingstoke: Palgrave.
Mills, Sara (2004) *Discourse, Second Edition*, New York & London: Routledge.
Mouffe, Chantal (1993) *The Return of the Political*, London: Verso (シャンタル・ムフ／千葉眞他訳『政治的なるものの再興』日本経済評論社, 1998 年).
Mouffe, Chantal, ed. (1999) *The Challenge of Carl Schmitt*, London: Verso (シャンタル・ムフ編／古賀敬太・佐野誠編訳『カール・シュミットの挑戦』風行社, 2006 年).
Mouffe, Chantal (2000) *The Democratic Paradox*, London: Verso (シャンタル・ムフ／葛西弘隆訳『民主主義の逆説』以文社, 2006 年).
シャンタル・ムフ編 (2002) 青木隆嘉訳『脱構築とプラグマティズム――来たるべき民主主義』法政大学出版局。
Mouffe, Chantal (2005a) *On the Political*, London: Routledge (シャンタル・ムフ／酒井隆史・篠原雅武訳『政治的なものについて』明石書店, 2008 年).
Mouffe, Chantal (2005b) 'The "End of Politics" and the Challenge of Right-wing Populism', in Panizza (2005).
Mouzelis, Nicos (1978) 'Ideology and Class Politics', *New Left Review*, 112: 45-61.
Mouzelis, Nicos (1985) 'On the Concept of Populism', *Politics & Society*, 14 (3): 329-348.
中金　聡 (2000)『政治の生理学』勁草書房。
Näsström, Sofia (2007) 'The Legitimacy of the People', *Political Theory*, 35 (5): 624-658.
Neal, Andrew W. (2004) 'Cutting Off the King's Head: Foucault's *Society Must Be Defended* and the Problem of Sovereignty', *Alternatives*, 29: 373-398.
アントニオ・ネグリ (1999) 杉村昌昭・斉藤悦則訳『構成的権力』松籟社。
Negri, Antonio (2010) 'Sovereignty, between Government, Exception and Governance', in Kalmo and Skinner (2010).
Nelson, Brian R. (2006) *The Making of the Modern State*, Basingstoke: Palgrave Macmillan.
Newman, Saul (2005) *Power and Politics in Postrstucturalist Though*, New York & London: Routledge.
Newman, Saul (2007) *Unstable Universalities: Poststructuralism and Radical Politics*,

Manchester: Manchester University Press.
Newman, Saul (2008) 'Connolly's Democratic Pluralism and the Question of State Sovereignty', *British Journal of Politics and International Relations*, 10: 227-240.
小川晃一 (1986) (1988) (1989)「政治的代表の論理」『北大法学論集』37巻1号, 38巻5/6号, 39巻3号。
岡田信弘 (2007)「主権論再考」『ジュリスト』第1334号。
小野紀明 (2010)『古典を読む』岩波書店。
大澤真幸 (2007)『ナショナリズムの由来』講談社。
O'Sullivan, Noël (1997) 'Difference and the Concept of the Political in Contemporary Political Philosophy', *Political Studies*, 45 (4): 739-754.
Palonen, Kari (2003) 'Four Times of Politics: Policy, Polity, Politicking and Politicisation', *Alternatives*, 28: 171-186.
Palonen, Kari (2008) 'Imagining Max Weber's Reply to Hannah Arendt: Remarks on the Arendtian Critique of Representative Democracy', *Constellations*, 15 (1): 56-71.
Panizza, Francisco, ed. (2005) *Populism and the Mirror of Democracy*, London: Verso.
Patton, Paul (2000) *Deleuze and the Political*, New York & London: Routledge.
Pavlich, George (2010) 'On the Subject of Sovereigns', in Barbour and Pavlich (2010).
Phillips, Anne (1995) *The Politics of Presence*, Oxford: Oxford University Press.
Pitkin, Hanna F. (1972) *The Concept of Representation*, Berkeley, CA: University of California Press.
Prokhovnik, Raia (2007) *Sovereignties: Contemporary Theory and Practice*, Basingstoke: Palgrave Macmillan.
Prokhovnik, Raia (2008) *Sovereignty: History & Theory*, Exeter Imprint Academic.
ジャック・ランシエール (2005) 松葉祥一他訳『不和あるいは了解なき了解』インスクリプト。
ジャック・ランシエール (2008) 松葉祥一訳『民主主義への憎悪』インスクリプト。
Rancière, Jacques (2009) 'Should Democracy Come? Ethics and Politics in Derrida', in Cheah *et al.* (2009).
Runciman, David (2007) 'The Paradox of Political Representation', *Journal of Political Philosophy*, 15 (1): 93-114.
齋藤純一 (2000)『公共性』岩波書店。
齋藤純一 (2005)『自由』岩波書店。
齋藤純一 (2008)『政治と複数性』岩波書店。
カール・シュミット (1971) 田中浩・原田武雄訳『政治神学』未來社。
カール・シュミット (1974) 阿部照哉・村上義弘訳『憲法論』みすず書房。
Seitz, Brian (1995) *The Trace of Political Representation*, Albany, NY: State University of New York Press.
関谷　昇 (2006)「戦後日本の主権論と一般意志の原理」坂野潤治・新藤宗幸・小

林正弥編『憲政の政治学』東京大学出版会。
Shaw, Karena (2008) *Indigeneity and Political Theory: Sovereignty and the Limits of the Political*, New York & London: Routledge.
進藤　兵 (2002)「権威主義的ポピュリズムとその基盤」『ポリティーク』4号，旬報社。
Shinoda, Hideaki (2000) *Re-Examining Sovereignty: From Classical Theory to the Global Age*, Basingstoke: Palgrave.
Simons, John (2005) 'The Radical Democratic Possibilities of Popular Culture', in L. Tonder and L. Thomassen, eds., *Radical Democracy; Politics between Abundance and Lack*, Manchester: Manchester University Press.
Skinner, Quentin (2005) 'Hobbes on Representation', *European Journal of Philosophy*, 13 (2): 155-184.
Skinner, Quentin (2010) 'The Sovereign State: A Genealogy', in Kalmo and Skinenr (2010).
Skorupska, Julia (2008) 'Liberal Dilemmas and the Concept of Politics', *Journal of Political Ideologies*, 13 (3): 297-320.
Sofaer, Abraham D., and Heller, Thomas C. (2001) 'Sovereignty: The Practitioners' Perspective', in Krasner (2001).
Sørensen, Georg (1999) 'Sovereignty: Change and Continuity in a Fundamental Institution', *Political Studies*, 47 (3): 590-604.
Stanley, Ben (2008) 'The Thin Ideology of Populism', *Journal of Political Ideologies*, 13 (1): 95-110.
ヤニス・スタヴラカキス (2003) 有賀誠訳『ラカンと政治的なもの』吉夏社。
Stavrakakis, Yannis (2004) 'Antinomies of Formalism: Laclau's Theory of Populism and the Lessons from Religious Populism in Greece', *Journal of Political Ideologies*, 9 (3): 253-267.
杉原泰雄 (1971)『国民主権の研究』岩波書店。
杉原泰雄 (1977)『国民代表の政治責任』岩波新書。
杉田　敦 (2005)『境界線の政治学』岩波書店。
サスキア・サッセン (1999) 伊予谷登士翁訳『グローバリゼーションの時代——国家主権のゆくえ』平凡社。
Taggart, Paul (2000) *Populism*, London: Open University Press.
Taggart, Paul (2004) 'Populism and Representative Politics in Contemporary Europe', *Journal of Political Ideologies*, 9 (3): 269-288.
高橋和之 (1983)「主権」『岩波講座基本法学 6　権力』岩波書店。
Taylor, Charles (2004) *Modern Social Imaginaries*, Durham, NC: Duke University Press (上野成利訳『近代——想像された社会の系譜』岩波書店，2011 年).
Thomassen, Lasse (2007) 'Beyond Representation?', *Parliamentary Affairs*, 60 (1): 111-126.
Thomson, Alex (2005) *Deconstruction and Democracy*, London: Continuum.

時本義昭（2008）「ノモス主権と理性主権」『龍谷紀要』第 29 巻第 2 号。
Torfing, Jacov（1999）*New Theories of Discourse: Laclau, Mouffe and Žižek*, Oxford: Blackwell.
Tormey, Simon（2006）'"Not in my Name": Deleuze, Zapatismo and the Critique of Representation', *Parliamentary Affairs*, 59（1）: 138–154.
辻村みよ子（2002）『市民主権の可能性—— 21 世紀の憲法・デモクラシー・ジェンダー』有信堂高文社。
Tully, James, ed.（1988）*Meaning and Context: Quentin Skinner and His Critics*, Cambridge: Polity.
鵜飼　哲（2008）『主権のかなたで』岩波書店。
鵜飼健史（2012）「日本国憲法前文は誰が書いたか——行為遂行性と事実確認性の間」中野勝郎編『市民社会と立憲主義』（法政大学現代法研究所叢書 34）法政大学出版局。
宇野重規（2001）「代表制の政治思想史」『社會科學研究』52 巻 3 号。
Urbinati, Nadia（1998）'Democracy and Populism', *Constellations*, 5（1）: 110–124.
Urbinati, Nadia（2000）'Representation as Advocacy: A Study of Democratic Deliberation', *Political Theory*, 28（6）: 758–786.
Urbinati, Nadia（2005）'Continuity and Rupture: The Power of Judgment in Democratic Representation', *Constellations*, 12（2）: 194–222.
Urbinati, Nadia（2006）*Representative Democracy: Principles & Genealogy*, Chicago, IL: The University of Chicago Press.
Valentine, Jeremy（2010）'Time, Politics and Contingency', in Alan Finlayson, ed., *Democracy and Pluralism: The Political Though of William E. Connolly*, New York & London: Routledge.
van Duffel, Siegfried（2004）'Natural Rights and Individual Sovereignty', *The Journal of Political Philosophy*, 12（2）: 147–162.
van Duffel, Siegfried（2007）'Sovereignty as a Religious Concept', *The Monist*, 90（1）: 126–143.
Vaughan-Williams, Nick（2009）*Border Politics: The Limits of Sovereign Power*, Edinburgh: Edinburgh University Press.
Vieira, Mónica Brito, and David Runciman（2008）*Representation*, Cambridge: Polity Press.
Walker, Neil, ed.（2003）*Sovereignty in Transition*, Oxford: Hart Publishing.
イマニュエル・ウォーラーステイン（2008）山下範久訳『ヨーロッパ的普遍主義』明石書店。
Wang, M.（2004）'Body Politics in the SARS Crisis', *Positions: East Asian Cultural Critique*, 12（2）: 587–596.
渡辺康行（1996）「国民主権」『ジュリスト』1089 号。
Weinert, Matthew S.（2007）*Democratic Sovereignty: Authority, Legitimacy, and State in a*

Globalizing Age, London: University College London Press.
Werner, Wouter G., and Jaap H. De Wilde (2001) 'The Endurance of Sovereignty', *European Journal of International Relations*, 7 (3): 283–313.
Wolin, Sheldon (1996) 'Fugitive Democracy', in S. Benhabib, ed., *Democracy and Difference*, Princeton, NJ: Princeton University Press.
Yack, Bernard (2001) 'Popular Sovereignty and Nationalism', *Political Theory*, 29 (4): 517–536.
Young, Iris Marion (2000) *Inclusion and Democracy*, Oxford: Oxford University Press.
Žižek, Slavoj (2006) 'Against the Populist Temptation', *Critical Inquiry*, 32 (3): 551–574.

《著者紹介》
鵜飼 健史（うかい たけふみ）
1979年生まれ。一橋大学社会学部，ロンドン大学ゴールドスミス・カレッジ政治学部博士課程（博士号候補資格取得）を経て，一橋大学大学院社会学研究科総合社会科学専攻博士後期課程を単位取得退学。博士（社会学・一橋大学）。日本学術振興会特別研究員を経て，現在，早稲田大学社会科学総合学術院助教。
主な著作・訳書として，「主権国家の意義？」杉田敦編『守る――境界線とセキュリティの政治学』（風行社，2011年），「日本国憲法前文は誰が書いたか――行為遂行性と事実確認性の間」中野勝郎編著『市民社会と立憲主義』（法政大学現代法研究所叢書34，法政大学出版局，2012年），ウィリアム・コノリー『プルーラリズム』（杉田敦・鵜飼健史・乙部延剛・五野井郁夫訳，岩波書店，2008年），ほか。

サピエンティア **31**
人民主権について

2013年7月19日　初版第1刷発行

著　者　鵜飼 健史
発行所　財団法人法政大学出版局
〒102-0071 東京都千代田区富士見2-17-1
電話 03（5214）5540 ／振替 00160-6-95814
製版・印刷　平文社／製本　積信堂
装　幀　奥定 泰之

ISBN 978-4-588-60331-0　Printed in Japan

《サピエンティア》(表示価格は税別です)

25 正義のフロンティア　障碍者・外国人・動物という境界を越えて
M. ヌスバウム／神島裕子 訳……5200円

26 文化のハイブリディティ
P. バーク／河野真太郎 訳……2400円

27 正義の秤《スケール》　グローバル化する世界で政治空間を再想像すること
N. フレイザー／向山恭一 訳……近　刊

28 土着語の政治　ナショナリズム・多文化主義・シティズンシップ
W. キムリッカ／岡﨑晴輝・施 光恒・竹島博之 監訳……5200円

29 朝鮮独立への隘路　在日朝鮮人の解放五年史
鄭栄桓 著……4000円

30 反市民の政治学　フィリピンの民主主義と道徳
日下 渉 著……4200円

31 人民主権について
鵜飼健史 著……3000円

32 国家のパラドクス　ナショナルなものの再考
押村 高 著……3200円

【以後続刊】(タイトルは仮題を含みます)

歴史のなかの障害者
山下麻衣 編

歴史的賠償と「記憶」の企業家たち
ホロコースト, 日系人強制収容, 黒人奴隷制, アパルトヘイト
J. C. トーピー／藤川隆男 監訳

憲法パトリオティズム
J.-W. ミューラー／斎藤一久 訳

《サピエンティア》（表示価格は税別です）

13 寛容の帝国　現代リベラリズム批判
W. ブラウン／向山恭一 訳 ……4300円

14 文化を転位させる　アイデンティティ・伝統・第三世界フェミニズム
U. ナーラーヤン／塩原良和 監訳 ……3900円

15 グローバリゼーション　人間への影響
Z. バウマン／澤田眞治・中井愛子 訳 ……2600円

16 スターリンから金日成へ　北朝鮮国家の形成 1945〜1960年
A. ランコフ／下斗米伸夫・石井知章 訳 ……3300円

17「人間の安全保障」論　グローバル化と介入に関する考察
M. カルドー／山本武彦・宮脇 昇・野崎孝弘 訳 ……3600円

18 アメリカの影のもとで　日本とフィリピン
藤原帰一・水野善子 編著 ……3200円

19 天皇の韓国併合　王公族の創設と帝国の葛藤
新城道彦 著 ……4000円

20 シティズンシップ教育論　政治哲学と市民
B. クリック／関口正司・岡崎晴輝・施 光恒 監訳 ……3200円

21 ニグロとして生きる　エメ・セゼールとの対話
A. セゼール，F. ヴェルジェス／立花英裕・中村隆之 訳 ……2600円

22 比較のエートス　冷戦の終焉以後のマックス・ウェーバー
野口雅弘 著 ……2900円

23 境界なきフェミニズム
C. T. モーハンティー／堀田 碧 監訳 ……3900円

24 政党支配の終焉　カリスマなき指導者の時代
M. カリーゼ／村上信一郎 訳……3000円